标准汉语教程

Standard Chinese Course

下册 （一）

主　编　黄政澄
编　者　张　凯　崔永华
　　　　郭树军　张兰欣
　　　　黄政澄　陈　宏
英文翻译　熊文华

北京大学出版社

图书在版编目(CIP)数据

标准汉语教程(下册)/黄政澄主编 .-北京:北京大学出版社 1998.1
ISBN 7－301－03409－1

Ⅰ.标… Ⅱ.黄… Ⅲ.标准-汉语教程 Ⅳ.

书　　　　名：标准汉语教程(下册)
著作责任者：黄政澄 主编
责 任 编 辑：郭　力
标 准 书 号：ISBN 7-301-03409-1/H·0361
出 　版　 者：北京大学出版社
地　　　　址：北京市海淀区中关村北京大学校内　100871
电　　　　话：出版部 62752015　发行部 62559712　编辑部 62752032
排 　版　 者：华伦公司排印部
印 　刷　 者：北京大学印刷厂
发 　行　 者：北京大学出版社
经 　销　 者：新华书店
　　　　　　787×1092毫米　16开本　25.5印张　410千字
　　　　　　1998年1月第一版　1998年1月第一次印刷
定　　　　价：(下册全二册) 60.00元

目　录

第四十一课 Lesson 41

关于中国的人口问题

  杰克到玛丽的房间时,玛丽正在看一篇关于中国人口问题的文章,她很感兴趣,就跟杰克讨论起来。

  "杰克,你了解中国的人口问题吗?"

  杰克觉得这个问题很难回答,就笑了笑说:"谈不上了解,只是知道1995年2月15日是中国的'12亿人口日'。你怎么想起这么个问题来?"

  "我正在看一篇关于人口问题的文章。文章说,中国的人口形势依然很严重。"接着,玛丽说出来一大堆数字:1994年中国的出生率为18‰,在世界上195个15万以上人口的国家中排在第144位,已经接近发达国家的水平。同时,人口的自然增长率也下降到11‰,排在139

位,只比发达国家稍高一点儿。不过,由于人口基数太大,每年净增人口仍达到1400万,而且,这种情况还要继续下去,至少50年以后,才会达到零增长。

听到这里,杰克说:"关于这个问题,你还真了解了不少情况。看来,虽然中国提倡计划生育,但是人口与经济和社会发展的矛盾还是很严重的。有一篇文章说,人口的持续增长会产生三方面的问题:

一是引起耕地面积相对减少,出现粮食供给不足的问题。

二是人口的持续增长,将使中国在未来50年内,劳动力资源达到8、9亿,带来就业困难。

三是到下个世纪中叶,中国65岁以上的老人将达到3亿,人口老龄化的问题也需要提前做好准备。"

经过一段时间的讨论,两个人都表示,要解决人口问题对中国现代化的困扰,实在是一道难题啊。

生词表　New Words

关于	(介)	guānyú	about
讨论	(动、名)	tǎolùn	to discuss, discussion
谈不上		tán bu shàng	it's hard to say
形势	(名)	xíngshì	situation
依然	(副)	yīrán	still
一大堆		yí dà duī	lots of
数字	(名)	shùzì	figure
出生率	(名)	chūshēnglǜ	birth rate
为	(动)	wéi	to be, for
国家	(名)	guójiā	state
接近	(动)	jiējìn	near, to approach
发达	(形)	fādá	developed
增长率	(名)	zēngzhǎnglǜ	growth rate
下降	(动)	xiàjiàng	to decline
稍	(副)	shāo	slightly
由于	(介)	yóuyú	due to
基数	(名)	jīshù	base

2

净增	（动）	jìngzēng	net increase
仍	（副）	réng	still
达到	（动）	dádào	to reach
继续	（动）	jìxù	to continue
零增长	（名）	líng zēngzhǎng	zero (increase)
看来	（连）	kànlái	it seems
提倡	（动）	tíchàng	to advocate
生育	（动）	shēngyù	to give birth
与	（连）	yǔ	and
矛盾	（名）	máodùn	contradiction
持续	（动）	chíxù	to continue
增长	（动）	zēngzhǎng	to increase
产生	（动）	chǎnshēng	to produce
引起	（动）	yǐnqǐ	to give rise to
耕地	（名）	gēngdì	farmland, arable land
面积	（名）	miànjī	area
相对	（动、形）	xiāngduì	to face, relative
减少	（动）	jiǎnshǎo	to decrease
出现	（动）	chūxiàn	to arise, to appear
粮食	（名）	liángshi	grain, food
供给	（动）	gōngjǐ	to supply
不足	（形）	bùzú	insufficient
将	（介）	jiāng	will, would
使	（动）	shǐ	to enable, to cause
未来	（名）	wèilái	future
内	（名）	nèi	within
劳动力	（名）	láodònglì	labour force
资源	（名）	zīyuán	source
带来	（动）	dàilái	to bring
就业		jiù yè	to get employed
困难	（名、形）	kùnnan	difficult, difficulty
世纪	（名）	shìjì	century
中叶	（名）	zhōngyè	middle (of a century)

老人	（名）	lǎorén	aged person
老龄化	（动）	lǎolínghuà	ageing
提前	（动）	tíqián	to shift to an earlier date
表示	（动）	biǎoshì	to express
对	（介）	duì	towards, for
现代化	（动、名）	xiàndàihuà	to modernize, modernization
困扰	（动）	kùnrǎo	to perplex, puzzle
道	（量）	dào	(a measure word)
难题	（名）	nántí	difficult problem

注　释　Notes to the Text

1. 12 亿人口日

中国的总人口到 1995 年 2 月 15 日达到 12 亿。中国政府把 1995 年 2 月 15 日定为 12 亿人口日,是为了使全国人民懂得,人口的不断增长与加快经济和社会发展,改善提高人民的生活水平,保护资源和环境的矛盾仍然很严重,所以必须严格控制人口的增长。

China's population reached to 1.2 billion on the 15th February, 1995 which was marked as the Population Day. It reminds the Chinese people of the serious task to solve the problems arising from the continuous growth of the population, speedy economic and social development, and the protection of the natural resources and environment.

2. 18‰

在汉语中,分母为 1000 的分数读作"千分之 X"。"18‰"就是"千分之十八","3‰"就是"千分之三"。

In Chinese, "x‰" is read as "千分之 X". Thus "18‰"is "千分之十八", and "3‰" is "千分之三".

3. 计划生育

中国从 70 年代初开始实行计划生育政策。80 年代初,把实行计划生育、控制人口数量、提高人口质量定为国家的基本政策并写入《中华人民共和国宪法》。这个政策的主要内容是:提倡晚结婚晚生育,少生育,提高生育质量;提倡一对夫妻只生一个孩子等。

Family planning as a Chinese policy has started since the early 70s'. In the Constitution of the People's Republic of China adopted in early 80s' family planning, population control and improvement are laid down as a basic state policy which encourages young people to marry and have babies at a mature age; to limit the number and improve the health of their babies; and advises each married couple to have one baby only.

4

词语例解　Word Study

1. 关于(介词, preposition)

⑴ 引出行为、动作关联牵涉的事物或范围。介宾结构"关于……"作状语时要放在句子前边。例如：

It is used to introduce things or their size that an action is connected with. As an adverbial the preposition-object structure "关于……"should be placed at the beginning of a sentence, e.g.,

①关于怎样解决产品质量问题，厂长办公会上已经做了安排。

②关于你的工作，我和王经理商量一下再告诉你。

③关于这条河，有过许多动人的故事。

⑵ 指出事物所关联牵涉的范围或包含的内容。介宾结构"关于……"常作定语，它与中心词语之间要用"的"；也常单独作为文章的题目。例如：

It indicates the size or contents of things. As an attributive the preposition-object "关于……"takes a "的" between it and the word to be modified. It is often used as the title of an essay, e.g.,

①小王到处打听关于刘教授出国的消息。

②我已经读过张大夫那篇关于怎样治疗儿童感冒的文章了。 *See Li, Thompson p265 & 244*

③李教授论文的题目是《关于语言能力的几个问题》。

2. 谈不上

这是一个习惯说法，表示不够或达不到。如果主语是第一人称，往往表示谦虚。类似的说法还有"说不上"、"算不上"。例如：

It is an idiomatic expression, meaning "beyond" or "not in the strict sense". It indicates one's modesty when used with the first person. Similar expressions are "说不上" and "算不上", e.g.,

①这方面的事我知道一些，谈不上是什么专家。

②对音乐，他只是随便听听，谈不上爱好。

③他这个人比较努力，可说不上聪明。

3. 依然(副词, adverb)

与过去一样，没什么变化；还是，照样。多用于书面。例如：

It is often used in written Chinese in the meaning of "same as usual" or "like what it used to be", e.g.,

①中国现在依然是世界上发展最快的国家。

②你依然像过去一样美丽。

③他们的生活依然像几年前一样艰难。

4. 为

动词"为(读作 wéi)"与"是"的意思相当,主要用于书面。例如:

The verb "为" pronounced as "wéi", has the same meaning as "是", mostly in written Chinese, e.g.,

①一米为一百厘米。

②这个礼堂的面积为五百平方米。

③中国的大学生在学校学习的时间一般为四年。

5. 使(动词,verb)

表示致使。意思与"让"、"叫"相当,多用于书面。例如:

It acts as a causative verb, having the same meaning as that of "让" or "叫", mostly in written Chinese, e.g.,

①他这样做太使人生气了。

②这件事使我认识到我需要得到更多人的帮助。

③常读历史书可以使你明白很多道理。

6. 以上(名词,noun)

表示位置、次序或数目等比某一点更高的部分(有时也包括这一点):

It is used to indicate a higher part of a position, order or number than the one compared, e.g.,

①一楼是餐厅,二楼以上都是客房。

②处长以上的干部都去开会了。

③半山腰以上路就更难走了。

7. 实在 (副词)

对某种情况加以确认或强调,有"的确"的意思。用在动词性、形容词性词语前边作状语。例如:

It means "really", functioning as an adverbial before a verbal or an adjectival phrase for confirmation or emphasis, e.g.,

①我实在不明白你为什么这样做。

②这间屋子实在太小了。

③我实在没什么可说的。

8. 一道难题

"道"是"题"的量词。如"这次考试一共有四十道题。""难题"指学生在练习或考试时遇到

6

的不容易解答的题目,这里引申为困难或不容易解决的问题。例如:

"道"can be used as a measure word for "题" as in "这次考试一共有四十道题". "难题" means "difficult questions" in students' exercises or examination papers. Here it is used in a figurative sense of "hard nuts to crack", e.g.,

①要解决这道难题,先要进行大量的调查研究。

②自行车太多是北京交通上的一道难题。

语　　法　Grammar

趋向补语引申用法
Extended Use of Directional Compliments

趋向补语有时不表示动作的趋向,而表示其他引申意义。下面介绍几例:

Sometimes directional compliments do not indicate directions but express their figurative meaning instead. The following are some examples:

⑴ 起来

表示动作或情况开始并继续。如果所用动词带宾语,宾语往往要放在"起"和"来"之间。例如:

It indicates the beginning and continuation generally of an action or a thing. The object, if the verb takes any, should be put between "起" and "来" generally, e.g.,

①那孩子看见妈妈,就大声哭了起来。

②小李刚唱完,大家就热烈地鼓起掌来。

③大家都在忙,你怎么一个人看起电视来了。

④大家都在看电影,你们怎么说起话来了。

⑵ 出来

表示动作使事物从没有到有或从看不见、听不见、感觉不到到能够看见、听见或感觉到。如果谓语动词带宾语,宾语要放在"出"和"来"之间。例如:

It indicates an action that changes the state of things from being inexistent, unseen or unheard. The object, if the predicate verb takes any, should be placed between "出"and"来", e.g.,

①我不明白你怎么会做出这种事来。

②我听出来了,你这是说我呢。　←?

③这东西有什么好,我可看不出来。

⑶ 下去

表示继续进行。例如:

It indicates "carry on", e.g.,

①我懂你的意思,说下去吧。

②再等下去,菜都凉了。

③这样干下去，一个星期也干不完。

练　习

一、熟读下列词组：

1. 感兴趣　　对……感兴趣　　对……不感兴趣
对……有兴趣　　对……没有兴趣

2. 了解中国的人口问题　　了解一下儿情况　　了解学生
的汉语水平　了解社会发展规律　对……很了解　对……不
了解。

3. 提倡计划生育　　提倡节约　　提倡说普通话
提倡晚婚晚育

4. ……化　　现代化　　工业化　　电气化　　绿化城市
美化生活　　深化改革　　简化汉字

5. 半数以上　　一千以上　　五层以上　　以上这些话
以上这些生词

二、用"起来、出来、下去"填空：

1. 到中国以后，我认识的中国朋友一天比一天多_____。

2. 这个电影太没意思了，我不想看_____了。

3. 昨天晚上他忽然发_____烧_____。

4. 杰克吃了晚饭，回到房间就备_____课_____。

5. 我看不_____这儿的风景美在哪儿。

6. 他的话还没说完，请让他说_____。

7. 这个问题我觉得没有必要再讨论_____了。

8. 春天了，天气暖和了，公园里的人多_____了。

9. 这些好看的鞋都是他们工厂生产_____的。

10. 他一回到宿舍就听_____音乐_____了。

11. 你要的画儿我给你画_____了。

12. 这个会要接着开_____，大家有什么意见，可以提。

13. 听写的句子我都写_____了，但是不知道写得对不对。

14. 小姐，请问，我的照片洗_____了吗？

15. 那篇文章我翻译了一个星期，现在已经翻译_____了。

三、将指定词语放在句中合适的位置：

1. A 你 B 个人 C 去调查一下 D 那个公司的情况吧。（叫）
2. 常 A 跟 B 中国人说话，可以 C 你 D 提高口语水平。（使）
3. 多看 A 书 B 可以 C 人 D 更聪明。（使）
4. A 他 B 把 C 我的照相机 D 坏了。（使）
5. 开门、关门要 A 轻一点儿，不要 B 那么 C 大 D 力气。（使）
6. A 我 B 今天 C 不能 D 陪你去长城。（实在）
7. A 这么 B 难的题，C 我 D 不会做。（实在）
8. A 中国的 B 人口形势 C 很严重。（实在）
9. A 中国的 B 人口问题 C 困扰着 D 中国的现代化。（依然）
10. A 多年不见，B 他 C 像以前 D 那么健康。（依然）

四、按照汉语的词序将下列词语组成句子：

1. 关于 的 我 一 中国 文章 生育 篇 看 了 计划
2. 下去 关于 的 还 讨论 要 学习 问题 方法 我们 继续
3. 本子 他 拿 出 起来 练习 做
4. 她 五十 岁 多 虽然 依然 但是 年轻 那么 现在 已经 了
5. 心里 个 他 这 问题 明白 说 出来 但是 不
6. 学习 明年 下去 在 他 要 个 还 这 学校
7. 认 作业本 谁 这 的 是 你 得 吗 出来
8. 声音 你 小王 的 这 说话 你 出来 是 听 了 吗
9. 引起 中国 了 兴趣 的 问题 我 生育 计划 的
10. 电梯 这 楼 以上 座 五层 有 才 呢

五、用汉语解释下列句子和词语：

1. 人口老龄化
2. 就业
3. 65 岁以上的老人
4. 1994 年中国的出生率为 18‰。
5. 谈不上了解，只是知道……
6. 他唱得还可以，但还算不上是歌唱家。

六、根据课文的内容判断下列句子的意思是否正确：

1. 杰克对中国的人口问题很了解。（　　）
2. 每年的2月15日是中国的12亿人口日。（　　）
3. 中国的人口形势不太严重了。（　　）
4. 中国是世界上人口形势最严重的国家。（　　）
5. 玛丽了解了很多关于中国人口问题的情况。（　　）
6. 中国的人口老龄化问题已经解决。（　　）
7. 人口问题困扰着中国的现代化。（　　）

七、讨论题：
1. 为什么说中国的人口形势依然很严重？
2. 人口的持续增长会产生哪些问题？
3. 你对人口问题感兴趣吗？你们国家的人口形势怎么样？

阅读课文　Reading Text

一封信

亲爱的爸爸妈妈：

你们好。

最近，我对中国的人口和计划生育问题很有兴趣，读了不少这方面的文章，了解到很多过去不知道的情况。今天星期日，正好有时间和你们谈谈这些。

在中国，大概多数人都已经认识到，为了保证经济和社会发展，必须计划生育，控制人口。特别是在城市里，由于文化教育和社会保障水平比较高，加上培养孩子需要花很多的时间和钱，所以城市中的夫妻比较喜欢小家庭的生活模式。但是在农村，特别是贫困地区，情况就比较复杂了。当然人们也知道，要想富起来，就得少生，优生，但是，不少农民还是希望多生孩子。原因主要有下面几方面：

1. 一些地区生产力水平比较低，有的地方还是靠手工劳动，文化教育也比较落后。在这种地区，农民要提高生产率，就会觉得家里的劳动力越多越好。

2. 一些地区的医疗卫生事业比较落后，婴幼儿的死亡率比较高，为了保证家里有足够的劳动力，农民也会觉得还是多生几个孩子好。

3. 农村地区的社会保障事业比较落后，多数农民还有很深的养儿防老的观念。

　　4. 在农村,女儿一般都不是家庭的主要劳动力,她们结婚以后多数都要到丈夫家里生活,这样就使自己父母家里少了一个劳动力。所以,很多农民不愿意生女孩,再加上几千年重男轻女的旧传统,旧观念,使人们一下子还不愿意没有儿子。孩子生下来要是个男孩,自然全家高兴,是不是再要一个也就不太重要了。要是个女孩,那就要继续生育,直到有了男孩才满意。这种对男孩的狂热追求不但造成了人口的过快增长,造成了男女比例的不平衡,而且使很多农村家庭越来越贫困。

　　读了我上面的介绍,你们就会知道,在中国,计划生育、控制人口增长有很多困难,这些困难有经济方面的,社会方面的,也有人们思想观念方面的。

　　好,今天就谈这些。以后了解了新情况再给你们写信。

　　　　　　　　　　祝

　　好!

　　　　　　　　　　　　　　　　　　　　　　　玛丽
　　　　　　　　　　　　　　　　　　　　　　　1996 年 4 月 10 日

阅读课文生词表　Vocabulary for the Reading Text

控制	（动）	kòngzhì	to control
保障	（动、名）	bǎozhàng	to protect; protection
加上	（动）	jiāshàng	to add
培养	（动）	péiyǎng	to train
夫妻	（名）	fūqī	husband and wife
模式	（名）	móshì	pattern
贫困	（形）	pínkùn	impoverished
地区	（名）	dìqū	area
复杂	（形）	fùzá	complex
生	（动）	shēng	to give birth to
优生	（动）	yōushēng	to give birth to healthy babies
生产力	（名）	shēngchǎnlì	productive forces
低	（形、动）	dī	low, to lower
手工	（名）	shǒugōng	to do by hand
劳动	（动）	láodòng	to work
落后	（形）	luòhòu	backward
生产率	（名）	shēngchǎnlù	productivity
医疗	（动）	yīliáo	to give medical treatment
婴幼儿	（名）	yīng yòu'ér	infant, baby
死亡率	（名）	sǐwánglù	death rate
养	（动）	yǎng	to bring up
儿	（名）	ér	son
防	（动）	fáng	to prepare for
观念	（名）	guānniàn	idea
丈夫	（名）	zhàngfu	husband
父母	（名）	fùmǔ	parents
重男轻女		zhòngnán qīngnǚ	regard men as superior to women
一下子	（副）	yíxiàzi	all of a sudden
狂热	（形）	kuángrè	fanaticism
追求	（动）	zhuīqiú	to seek

12

造成	（动）	zàochéng	to cause
比例	（名）	bǐlì	proportion
平衡	（形、动）	pínghéng	balance, to balance

阅读练习　Exercises for the Reading Text

一、根据课文选择唯一恰当的答案

Among the given optional answers, select the one that is closest in meaning to the reading text.

1. 在中国,什么人对小家庭生活更有兴趣?
   A　农村里的夫妻
   B　贫困地区的人
   C　城市里的人
   D　大多数的人

2. 玛丽认为,在中国,计划生育的好处:
   A　不知道的人不多
   B　大多数的人都不知道
   C　只有城里人知道
   D　农民都不相信

3. 贫困地区的农民希望多生孩子,因为他们:
   A　喜欢手工劳动
   B　觉得靠文化教育不能提高生产率
   C　觉得家里人多了热闹
   D　没有别的办法提高生产率

4. 在中国农村,多数地区的农民老了以后主要靠:
   A　女儿
   B　儿子
   C　妻子或丈夫
   D　社会保障单位

13

5. 在中国农村儿童中：

    A   男孩子比女孩子多

    B   女孩子比男孩子少很多

    C   男孩子没有女孩子多

    D   女孩子和男孩子一样多

二、想一想,说一说 Think and answer

1. 劳动力越多越好吗？为什么？

2. 中国农村家庭的贫困问题和人口问题有什么关系？

3. 为了在中国农村控制人口的过快增长,应该在经济、社会和人们的思想观念方面做些什么事？

第四十二课　Lesson 42

回家当太太？

　　三木由子有个中国朋友叫小贞,是个汽车售票员。售票员的工作很辛苦,每天早出晚归。她的丈夫原来是个工人,后来辞职经商,赚了不少钱。由于丈夫的事情特别多,所以他跟小贞商量,希望她辞职,把家管好。

　　小贞一方面同意丈夫的意见,认为这样自己就可以不必既要照顾家务,又要早出晚归地工作。丈夫的收入足够家庭用了,为什么不舒舒服服在家里当太太呢? 可是另一方面,小贞又怕自己失去了工作,今后就永远得依靠丈夫生活,整天呆在家里,与世隔绝,失去了生活的乐趣,时间长了,丈夫会看不起自己。

　　于是,小贞找到了三木由子,想听听她的意见。正好朱丽叶、玛丽也在，四个人就开起了一个小型"国际讨论会"。

三木先说了自己的看法。她认为，当太太并不一定就会与世隔绝，不上班，太太就可以有很多时间发展自己的爱好。有爱好就能找到朋友，怎么会与世隔绝呢？

玛丽同意三木的看法，她认为，丈夫有了足够的收入，家里就没有经济压力了，因此夫妻关系好不好，主要看两个人的感情。太太在家有充分的时间提高自己的文化修养，保持美丽的容貌，一定会使丈夫更加欣赏自己。

她认为也不必担心丈夫看不起自己，随着社会的发展，男人也会认识到妻子在家操持家务，只是社会不同分工，并不是妻子要依靠丈夫。

朱丽叶从另一个角度谈了自己的看法。她认为，无论如何，在家当太太是有一定风险的。我们不能保证丈夫永远有很高的收入，更不能保证丈夫永远不变心。所以，我们在选择当太太的同时，要加入医疗保险和养老保险。一旦丈夫变了心或者发生其他变化，还能保证自己的基本生活条件。

听了几位外国朋友的意见以后，小贞仍然拿不定主意。如果辞职回家，自己除了做家务以外，还能干什么呢？要是丈夫真的变了心，那太可怕了。

既想当太太过舒服的生活，又怕生活发生变化，失去今天的幸福，小贞该怎么办呢？

生词表　　New Words

小贞	（专名）	Xiǎozhēn	(name of a person)
售票员	（名）	shòupiàoyuán	conductor
辛苦	（形、动）	xīnkǔ	hard
早出晚归		zǎo chū wǎn guī	leave early in the morning and return late in the evening
丈夫	（名）	zhàngfu	husband
工人	（名）	gōngrén	worker
辞职		cí zhí	to resign
经商		jīng shāng	to engage in trade
赚	（动）	zhuàn	to make a profit
事情	（名）	shìqing	thing

管	（动）	guǎn	to keep
一方面		yìfāngmiàn	on one hand
不必	（副）	búbì	unnecessarily
照顾	（动）	zhàogù	to take care of
家务	（名）	jiāwù	household duties
收入	（动、名）	shōurù	to earn; to receive
足够	（动）	zúgòu	to suffice
为什么		wèi shénme	why
舒舒服服	（形）	shūshu fūfū	comfortable
可是	（连）	kěshì	but
另	（形）	lìng	another
失去	（动）	shīqù	to lose
今后	（名）	jīnhòu	future
永远	（副）	yǒngyuǎn	always
依靠	（动）	yīkào	to depend on
整天	（名）	zhěngtiān	all day long
与世隔绝		yǔshìgéjué	be separate from the world
乐趣	（名）	lèqù	joy
看不起		kàn bu qǐ	to look down upon
于是	（连）	yúshì	therefore
小型	（形）	xiǎoxíng	small-scale
讨论会	（名）	tǎolùn huì	discussion
并	（副、连）	bìng	(not) at all, and
不一定		bù yídìng	unnecessarily
爱好	（动、名）	àihào	to like, hobby
压力	（名）	yālì	pressure
因此	（连）	yīncǐ	so, therefore
夫妻	（名）	fūqī	husband and wife
关系	（名、动）	guānxì	relationship, to have to do with
感情	（名）	gǎnqíng	affection, feeling
充分	（形）	chōngfèn	full
修养	（名）	xiūyǎng	accomplishment

保持	(动)	bǎochí	to keep
美丽	(形)	měilì	beautiful
容貌	(名)	róngmào	looks
更加	(副)	gèngjiā	even more
欣赏	(动)	xīnshǎng	to admire, to enjoy
担心		dān xīn	to worry about
男人	(名)	nánrén	man, husband
操持	(动)	cāochí	to manage
分工		fēn gōng	to divide the work
养活	(动)	yǎnghuo	to support, to feed
角度	(名)	jiǎodù	angle
无论如何		wúlùnrúhé	in any case
一定的		yídìngde	certain, some
风险	(名)	fēngxiǎn	risk
变心	(动)	biànxīn	to cease to be faithful
加入	(动)	jiārù	to have (an insurance)
医疗	(名)	yīliáo	medical
保险	(名)	bǎoxiǎn	insurance
养老	(动)	yǎnglǎo	to provide for the aged
一旦	(名)	yídàn	in case
其他	(代)	qítā	other
基本	(形)	jīběn	basic
条件	(名)	tiáojiàn	condition
仍然	(副)	réngrán	still
拿不定		ná bu dìng	cannot make up one's mind
主意	(名)	zhǔyi	idea, mind
如果	(连)	rúguǒ	if
干	(形)	gàn	to do
可怕	(形)	kěpà	terrible
幸福	(形)	xìngfú	happy
怎么办		zěnme bàn	what's to be done

18

注　释　Notes to the Text

1. 看不起

"看不起"是一个固定的习惯用语,表示轻视。肯定形式是"看得起"。"看不起"、"看得起"常常用于对人的评价,"看不起"比"看得起"要更常用。如:

The idiomatic expression "看不起" means "look down upon". Its affirmative form is "看得起" which is not used as often as "看不起", e.g.,

①他一直看不起我。

②他这人,谁都看不起。

2. 拿不定主意

"拿主意"就是决定处理事情的对策、方法。"拿不定主意"表示在面临选择时犹豫,无法作出决定。例如:

"拿主意" means "make up one's mind". "拿不定主意" is used to describe one's hesitation or difficulty in making a decision, e.g.,

①那儿的漂亮衣服太多了,她一时还拿不定主意到底买什么样的。

②要不要考大学,他现在还拿不定主意,因为家里经济确实有困难。

词语例解　Word Study

1. 于是 (连词)

"于是"表示两件事前后互相连接,后边的事往往是前边的事引起的。例如:

"于是" serves as a connector of two things of which the former gives rise to the latter, e.g.,

①听老师说明天上午要考试,我和小王都有些紧张,于是一下课我们就赶快跑到图书馆复习起来,连晚上的足球赛都没敢看。

②听老师这么一解释,李明于是又高兴起来。

③过了那座桥,汽车开进一条热闹的街道,于是白云饭店就真的出现在我们眼前了。

2. 并不

强调否定,有"确实不"的意思。作状语,只能放在主语与谓语之间。例如:

It means "not at all" for negative emphasis. As an adverbial it only appears between the subject and predicate of a sentence, e.g.,

①我们认识了这么多年,可你并不了解我。

②那个女的我见了,并不像你说得那么漂亮。

③由于工作关系,我们天天在一起,可我并不喜欢他。

3. 无论如何

"无论如何"常用在主语后、谓语前,但有时也用在主语前边,并常和"也"同时使用,表示不管发生什么情况,条件怎样变化,某事一定要发生。例如:

It is often inserted between the subject and the predicate of a sentence, but sometimes may appear before the subject with a following "也" in the sense of "no matter what the situation may be something would definitely happen", e.g.,

①我虽然身体不太舒服,但明天上午你的婚礼我无论如何(也)要参加。

②我知道你很忙,但无论如何,你(也)应该见见这个人。

③这个地方我无论如何(也)不能再住下去了。

4. 由于(介词, preposition)

表示原因或理由。与后边的名词性词语构成介宾结构后在句中作状语,可以放在主语前后。

When indicating reason for something it is used together with a following nominal phrase to form a preposition-object structure as an adverbial before or after the subject, e.g.,

①由于工作关系,他和那位姑娘经常来往。

②我这次的旅行计划由于各种原因不得不推迟。

③由于经济的不断发展,这个地区的教育水平也有了很大的提高。

(连词, conjunction)

表示原因,意思同"因为"。常用在因果复句的前一个分句里,后边一个分句里常用"才"、"所以"、"因此"、"因而"、"以至"等与之呼应。多用于书面。

When indicating reason for something as an equivalent to "因为"it often appears in the first clause of a cause-and-effect complex sentence, with "才","所以","因此","因而"or "以至" in the following clause. This usage generally applies to a written sentence.

①由于她心里一直想着你,所以到现在还是一个人。

②由于天气预报准确、及时,因此一个星期的大雨没有给人们造成大的损失。

③他只是由于喜欢你才改变了对演员的看法。

5. 一定 (副词, adverb)

(1) 表示态度坚决。多用于第一人称,用于第二、第三人称时,往往表示要求别人坚决做到。只能作状语。例如:

When used as an adverbial with the first person, it describes one's firm attitude. When so used with the second or third person, it generally expresses one's insistence that somebody should do what is required, e.g.,

①有什么事可以找我,我一定会帮助你的。
②这件事你一定要告诉他。
③一定不能让小孩拿到这些药。

(2) 必然;确定无疑。多指主观愿望的推断。前面加"不"时,表示情况不能肯定,意思偏于否定。用在动词或形容词前作状语。例如:

When used as an adverbial before a verb or an adjective, it indicates one's personal positive judgement. If preceded by "不" it means "unnecessarily so".

①他一定会同意。
②今天一定有人来过。
③吸烟并不一定就会使人很快得病。
④受教育程度高的妻子并不一定看不起文化水平低一些的丈夫。

(形容词) 特定的;相当的;某种程度的。作定语。例如:

As an attributive it means "fair", "some" or "to some extent", e.g.,

①经过半年多的努力,玛丽的汉语水平有了一定的提高。
②他们在一起工作了这么多年,是有一定感情的。
③我既然答应了你,我就有一定的把握。

6．怕 (动词, verb)

(1) 担心;疑虑。能受程度副词修饰。一定要带非名词性宾语。

It has the meaning of "fear" or "worry". It may be modified by an adverb of degree, and always takes an object performed by a word other than a nominal.

①大家特别怕去晚了,天还没黑就动身了。
②他怕我不知道,专门跑来通知我。
③他怕路上渴,带了一大瓶汽水。

(2) 害怕,畏惧。能受程度副词修饰。常作带宾语、补语的谓语。宾语可以是名词性词组。

It also means "be afraid of" or "scare". More often than not it functions as a predicate taking an object (including one performed by a nominal) or a complement.

①我小时候最怕天黑。
②不要怕麻烦、怕困难,不然什么事都做不成。
③他最怕别人说他懒。

语　法　Grammar

1. 一方面……(另)一方面……

连接并列的两种相互关联的事物,或一个事物的两个方面。常用在介词词组或分句之间。后一个"一方面"的前面可以加"另"。后面常用副词"又"、"也"、"还"等相呼应。

The expression often appears as a connector between two prepositional phrases or clauses expressing two relevant things or two parts of one thing. The second "一方面" can be preceded by "另" or have adverbs such as "又", "也" or "还" in the following part.

①一方面由于语言不通,(另)一方面还由于文化不同,我们这些留学生都有过一段思乡想家、对这儿的一切都看不惯的时间。

②一方面我们当然希望有人帮助,(另)一方面,我们又必须依靠自己。

③我们一方面可以跟他合作,这样大家都有好处,但另一方面,我们也要十分小心。

2. 反问句 (1)　带疑问词的反问句

Rhetorical Question (1): Rhetorical Questions with an Interrogative

用问句的形式表达肯定或否定的意思,叫反问句。用反问句时,说话人并没有疑问,同时说话人和听话人都明确地知道答案。否定形式的反问句强调肯定的表述,肯定形式的反问句强调否定的表述。下面是两种带疑问词的反问句:

A question for a positive or negative expression is known as a rhetorical question. In such a case the speaker has nothing to ask about and both sides of the talking group are clear about the answer to be given. A negative rhetorical question is often used for a positive purpose and vice versa. The following are two types of such questions with an interrogative:

⑴ 为什么不……呢?

表示应该。例如:

It means "ought to", e.g.,

①你既然觉得不舒服,为什么不早点休息呢?

②你这么喜欢他,为什么不找他谈谈呢?

③屋里这么闷,为什么不去外边玩玩呢?

⑵ 怎么会……呢?

表示不会发生。例如:

It means "unlikely to happen", e.g.,

①你很聪明,又很努力,别人怎么会看不起你呢?

②今天天气这么好,怎么会下雨呢?

22

③你们认识才这么几天,他怎么会相信你呢?

3. 有爱好就能找到朋友

　　这句话也可以说成"只要有爱好,就能找到朋友。"这种用单句的形式表达复句的内容的情况在汉语中还有很多。例如下面三个句子都是用单句的形式表达复句的内容:

The above sentence can be rewritten as "只要有爱好,就能找到朋友。" In Chinese what is contained in a complex sentence can be expressed in the form of a simple sentence. The following three sentences are formed in this manner.

　　①快停车,(要是)再不停我就跳下去了。
　　②你(只有)说清楚了才能进去。
　　③(因为)我头疼(所以)去不了。

4. 既……又……

　　"既……又……"用来连接陈述同一个主语的两个成分,表示同时存在两种情况。例如:

"既……又……" serves as a connector for two elements of a sentence governed by one subject, indicating that two things or qualities stand side by side, e.g.,

　　①我们既要会工作,又要会休息。
　　②这个学校既有外国学生,又有中国学生。
　　③她既不漂亮,也不聪明。

练　习

一、熟读下列词语并解释:

　　1. 售票员　售货员　服务员　营业员　运动员　演员　职员
　　　　党员　团员
　　2. 早出晚归　早来晚走　早起晚睡
　　3. 辞职　向领导辞职　辞职书　辞职报告　写辞职报告　辞行
　　　　向……辞行　辞别父母　向朋友辞别
　　4. 提高文化修养　提高汉语水平　提高工作效率
　　　　提高产品质量　提高产量　提高服务质量
　　5. 变心　变天　变色　变样儿　变年轻　变好　变坏　变胖
　　　　变瘦

二、用"由于"造句:

　　1. 人口基数　　净增人口
　　2. 持续增长　　耕地面积

3．提倡计划生育　　下降

4．足够的收入　　经济压力

5．足够的钱　　旅行

6．发音不正确　　不懂

7．失去了工作　　依靠

8．电梯　　走

9．发烧　　上班

10．呆在家里　　生活的乐趣

三、用指定词语改写下列句子：

1．为了提高人民的生活水平，中国的计划生育一定得继续搞下去。（无论如何）

2．玛丽正在看一篇关于中国人口问题的文章，杰克也很感兴趣，两个人就一起讨论起来。（于是）

3．玛丽对人口问题很感兴趣，所以就找了一篇文章来看。（于是）

4．辞职回家好不好，小贞拿不定主意，她就去找朋友商量了一下儿。（于是）

5．明天考试，今天晚上我一定得复习完。（无论如何）

6．你的感冒很重，你一定要去医院看看。（无论如何）

7．我的同屋出去的时候没带钥匙，我担心他进不来，所以一直不敢出去。（怕）

8．他现在不敢去旅行，担心耽误学习。（怕）

9．我们在一起学习了一年，他对我有一些了解。（一定）

10．中国的计划生育工作做出了很大成绩。（一定）

11．他有困难，你应该帮助他。（为什么不……呢？）

12．要是她丈夫真的变了心，她应该跟她丈夫离婚。（为什么不……呢？）

13．你经常有病，就要入医疗保险。（为什么不……呢？）

14．你回来以前应该给家里打个电话或者写封信来。（为什么不……呢？）

15．他们夫妻关系一直很好，她的丈夫不会看不起她。（怎么会……呢？）

16．他的父亲经商，他家一定有很多钱。（怎么会……呢？）

17. 这个村子的劳动力不少。(怎么会……呢?)

18. 这个手提包不太重,你拿得动。(怎么会……呢?)

四、将指定词语放在句中合适的位置:

1. A 辞职 B 在家 C 当太太 D 会与世隔绝。

   一定

2. A 我 B 每个月都 C 有 D 的收入。

   一定

3. 他 A 一定 B 每个周末 C 都去 D 跳舞。

   并不

4. 中国的出生率 A 高,B 已经 C 接近 D 发达国家的水平。

   并不

5. 他虽然 A 在家 B 有足够的收入,可是 C 他的生活 D 幸福。

   并不

五、用"还能……呢?"完成句子:

1. A:你做什么呢?

   B:_____? 做作业呢呗。

2. A:你去哪儿啊?

   B:这么晚了,_____? 出去散散步。

3. A:这是谁的本子? 写得这么乱。

   B:_____? 一定是小李的。

4. A:今天晚上你吃的什么?

   B:_____? 不是米饭就是面包。

5. A:周末你干什么?

   B:除了找朋友聊聊天,在宿舍看看小说,_____?

六、按照汉语的词序将下列词语组成句子:

1. 持续 人口 的 一方面 增长 问题 出现 粮食 会
   不足 供给 的 带 另一方面 困难 会 来 也 就业

2. 一方面 过 舒舒服服 想 太太 当 的 生活 她 怕
   另一方面 变化 生活 可是 又 发生

3. 一方面 杰克 英语 教 了解 的 人口 中国 问题
   经济 与 另一方面

4. 汉语　一方面　他　为了　学习　中国　另一方面　了解
在　为了　中国　工作　找

5. 中国　计划　一方面　生育　提倡　努力　另一方面　经济
发展

七、根据课文的内容判断下列句子的意思是否正确：

1. 小贞现在已经辞职在家。（　　　）
2. 讨论会是在小贞家开的。（　　　）
3. 三木认为当太太不一定会与世隔绝。（　　　）
4. 玛丽认为夫妻关系好不好，主要看两个人的感情。（　　　）
5. 朱丽叶的意见跟三木和玛丽的一样。（　　　）
6. 小贞听了朋友的话，还是不知道该怎么办。（　　　）

八、讨论题：

1. 课文中对关于回家当太太的问题有几种看法？你同意谁的看法？

2. 你认为作妻子的应该工作还是应该在家？为什么？

3. 加入医疗保险和养老保险就一定能保证基本生活条件吗？

阅读课文　Reading Text

两个中国科学家的爱情

在中国科学院，差不多人人都知道著名的科学家钱三强和何泽慧夫妇，说他们是"中国的居里夫妇"。这当然首先是由于他们为中国的科学事业做出了非常大的贡献；另一方面，也因为他们的爱情生活也很感人。

三十年代的清华大学物理系，连男人都不容易进去，更不用说年轻女子了，可何泽慧进去了，并且和钱三强一样，成了系里最好的学生。1936年学习结束时，全班的毕业论文只有四个90分，其中就有他们俩的。何泽慧不但学习非常好，而且有着一种东方女子的美。这时钱三强虽然很爱她，但是他没敢表示什么。

毕业以后，两人都在欧洲留学。这时，发生了第二次世界大战，钱三强在法国每天都在思念远在德国的何泽慧，心里非常着急。一天下

午，钱三强忽然接到她的来信。信中表示了很深的思念和信任。战争使何泽慧与祖国的亲人失去了联系，她感到非常孤独。

　　钱三强非常同情何泽慧。他愿意帮助她与亲人联系。同时，他也想到了自己对祖国的责任。他已经是一名博士，希望早一些回国做出自己的贡献。他的事业需要有人帮助，何泽慧就是他最满意的人。这时，钱三强已经过了三十岁了，非常希望有一个自己的家。他要把自己的爱告诉何泽慧。

　　不久，何泽慧接到了钱三强的信。只看了一眼，三十岁的女博士脸就红了。几年来，她心里只有钱三强一个人，但是钱三强却从来没有什么表示。也许他是太谨慎？也许在巴黎那样的大城市里，他爱上了别人？可每次请他帮忙给祖国的亲人和朋友写信，他都是那样热情。现在，忽然来了这样一封充满爱情的信，真是太使人感到意外和激动了。

　　在人们看来，何泽慧是高傲的。可这次，女博士却很快给钱三强写出了一封虽然不长却一样充满爱情的信。信中表示要去巴黎见他，然后一起回国。

　　在巴黎东方饭店钱三强和何泽慧的结婚宴会上，三十多位客人中有著名的科学家小居里夫妇。约里奥·居里教授笑着说："钱三强博士和何泽慧博士都是核物理学家，他们一定会为中国和世界的科学事业做出非常大的贡献！"居里教授的话说对了。

阅读课文生词表　Vocabulary for the Reading Text

科学家	（名）	kēxuéjiā	scientist
爱情	（名）	àiqíng	love（between man and woman）
科学院	（名）	kēxuéyuàn	academy of science
钱三强	（专名）	Qián Sānqiáng	(name of a person)
何泽慧	（专名）	Hé Zéhuì	(name of a person)
居里	（专名）	Jūlǐ	(name of a person)
夫妇	（名）	fūfù	married couple
贡献	（动、名）	gòngxiàn	to contribute, contribution
感人	（形）	gǎnrén	moving
年代	（名）	niándài	years
清华大学	（专名）	Qīnghuá Dàxué	Tsinghua University
物理	（名）	wùlǐ	physics
系	（名）	xì	department
女子	（名）	nǚzǐ	woman
论文	（名）	lùnwén	thesis
其中	（名）	qízhōng	among, of
这时	（名）	zhèshí	then, at that time
欧洲	（专名）	Ōuzhōu	Europe
留学	（动）	liúxué	to study abroad
思念	（动）	sīniàn	to miss
心里	（名）	xīnli	in one's mind
一天		yì tiān	one day
忽然	（副）	hūrán	suddenly
信任	（动、名）	xìnrèn	to trust
战争	（名）	zhànzhēng	war
祖国	（名）	zǔguó	motherland
亲人	（名）	qīnrén	dear ones, member of one's family

孤独	（形）	gūdú	lonely
同情	（动）	tóngqíng	to sympathize
责任	（名）	zérèn	responsibility
博士	（名）	bóshì	doctor
眼	（名）	yǎn	eye
却	（副）	què	but
从来	（副）	cónglái	always
谨慎	（形）	jǐnshèn	careful
巴黎	（专名）	Bālí	Paris
意外	（形、名）	yìwài	surprise
激动	（形、动）	jīdòng	exciting, to excite
高傲	（形）	gāo'ào	supercilious
东方	（名）	dōngfāng	east
饭店	（名）	fàndiàn	hotel
结婚		jié hūn	to marry
宴会	（名）	yànhuì	banquet
约里奥	（专名）	Yuēlǐ'ào	(name of a person)
核物理学家	（名）	héwùlǐxuéjiā	nuclear physicist

阅读练习　Exercises for the Reading Text

一、根据课文选择唯一恰当的答案

Among the given optional answers, select the one that is closest in meaning to the reading text.

1. 三十年代的清华大学物理系：

　　A　女学生比男学生多

　　B　男人比女子容易进去

　　C　不愿意要男学生

　　D　男女学生都很少

2. 在钱三强回信以前，何泽慧：

　　A　知道钱三强爱她

　　B　没有爱过什么人

C   一直爱着钱三强

D   没有想过结婚的事

3．在钱三强回信以前，何泽慧为什么没有对他表示自己的爱？

A   她太高傲了

B   她太忙了

C   她知道钱三强在巴黎有女朋友

D   她不知道钱三强爱不爱她

4．文章里说到了下面哪种情况？

A   到欧洲以后，何泽慧有的时候给钱三强写信

B   何泽慧常帮钱三强给家里写信

C   何泽慧只给钱三强写过两封信

D   钱三强只给何泽慧写过一封信

5．小居里夫妇与钱三强和何泽慧是什么关系？

A   他们是钱三强的老师

B   他们参加了钱三强和何泽慧的结婚宴会

C   他们是何泽慧的老师

D   他们是钱三强的法国同事

二、想一想，说一说 Think and answer

1．你知道法国的居里夫妇吗？钱三强和何泽慧夫妇在哪方面和居里夫妇一样？

2．你认为中国男人在爱情方面是不是都和钱三强一样？你认为钱三强应不应该在清华大学时就对何泽慧表示爱情？为什么？

3．有知识的女子应不应该高傲？为什么？

第四十三课 Lesson 43

往　事

　　最近一段时间,杰克对婚姻问题很感兴趣,很想了解一些中国人家庭生活的情况。有一天,他的一位中国朋友给他讲了自己的一段往事:

　　事情已过去很久了,但我记忆犹新,因为它使我理解了什么是真正的爱情。

　　我的妻子是个小学数学教师,她不但漂亮,而且很贤惠。可是天长日久,我感到生活有点乏味,想有些什么变化。渐渐地,我发现我总在想着一个女人,她叫陆英,是我妻子的好朋友,一位有着一双漂亮眼睛的女人。我总想约她一起出去,却又总是胆怯。

　　有一天,我终于鼓起勇气,拨通了陆英的电话。开始,她犹豫了一下,但还是接受了我的邀请。

约会的那天早上，我装作很随便的样子对妻子说："我今天晚上要晚回来一会儿，有几个同学在一起聊聊。"

"没关系，你去吧。"妻子正在收拾屋子，她看着我，笑着说："好好谈谈，说不定会有好处。"

晚上，我和陆英到了一间幽雅的餐厅。陆英穿着很得体，态度也和蔼可亲。我们谈天说地，过得很愉快，我感到十分幸福。

可是，陆英忽然把话题转到了我妻子身上。她说："她是个很好的女人。"

"哎呀，你是不知道，她呀，真叫人不能忍受。"我抱怨说，"桌子一天她要擦十遍，衣服洗个没完，天天就这么忙，你说她细致，可做菜不是没放盐，就是多得把人咸死。"

陆英静静地听着，不时地点点头。

我对她说："跟你在一起真愉快。下个周末，我们一起去郊游，怎么样？"

陆英没有回答，却看着手表，说要回家。

"再呆会儿不好吗？"

"我和我的好朋友，也就是你的妻子说好了，九点半准时让你回家。"

我一下懵了："怎么，你，你在开玩笑吧？""不，我是认真的。"陆英说，"你别忘了，我和她是十几年的好朋友。我本来不想来，是她让我来的，她说可以听听你对她有什么意见。"

我望着陆英，全身都麻木了。

回到家，见到妻子，我刚要解释，她就用手捂住我的嘴，说："什么都别说了，你这样做，说明我有很多缺点……"

妻子哭了。我紧紧地抱住妻子，禁不住也哭了。

只有向后看才能理解生活，但要生活好，必须向前看。这是一位老人说的。

妻子和我都深深地记住了。

生词表　New Words

往事	（名）	wǎngshì	past events
已	（副）	yǐ	already

很久		hěnjiǔ	long time
记忆犹新		jìyìyóuxīn	still fresh in one's memory
理解	(动)	lǐjiě	to understand
爱情	(名)	àiqíng	love (between a man and a woman)
教师	(名)	jiàoshī	teacher
贤惠	(形)	xiánhuì	virtuous
天长日久		tiāncháng rìjiǔ	as the years go by
有点		yǒudiǎn	a bit
乏味	(形)	fáwèi	dull
渐渐地		jiànjiànde	gradually
总	(副)	zǒng	always
女人	(名)	nǚrén	woman
陆英	(专名)	Lù Yīng	(name of a person)
约	(动)	yuē	to make an appointment
总是	(副)	zǒngshì	always
胆怯	(形)	dǎnqiè	timid
有一天		yǒu yì tiān	one day
鼓起	(动)	gǔqǐ	to muster
勇气	(名)	yǒngqì	courage
拨	(动)	bō	to dial
犹豫	(形)	yóuyù	to hesitate
接受	(动)	jiēshòu	to accept
装作	(动)	zhuāngzuò	to pretend
同学	(名)	tóngxué	schoolmate
间	(量)	jiān	(a measure word)
幽雅	(形)	yōuyǎ	quiet and tastefully laid out
餐厅	(名)	cāntīng	restaurant
穿着	(名)	chuānzhuó	dress, apparel
得体	(形)	détǐ	befitting one's position or suited to the occasion, appropriate; decent
态度	(名)	tàidù	attitude
和蔼可亲		hé'ǎi kěqīn	affable

谈天说地		tántiān shuōdì	to talk about everything
十分	(副)	shífēn	very
忽然	(副)	hūrán	suddenly
话题	(名)	huàtí	topic
身上	(名)	shēnshàng	about one
忍受	(动)	rěnshòu	to tolerate
抱怨	(动)	bàoyuàn	to complain
擦	(动)	cā	to rub
细致	(形)	xìzhì	careful
盐	(名)	yán	salt
死	(动)	sǐ	to die
静静	(形)	jìngjìng	quiet
不时	(副)	bùshí	time and again
郊游	(动)	jiāoyóu	to go for an outing
却	(副)	què	but, yet
手表	(名)	shǒubiǎo	watch
准时	(形)	zhǔnshí	on time
懵	(动)	mēng	to feel confused
开玩笑		kāi wánxiào	to joke
认真	(形)	rènzhēn	serious
望	(动)	wàng	to look at
全身	(名)	quánshēn	whole body
麻木	(形)	mámù	numb
解释	(动)	jiěshì	to explain
捂	(动)	wǔ	to cover
缺点	(名)	quēdiǎn	shortcoming
紧紧	(副)	jǐnjǐn	tightly
抱	(动)	bào	to embrace
禁不住		jīn bu zhù	cannot but
后	(名)	hòu	back
深深	(副)	shēnshēn	deep
记住	(动)	jìzhù	to remember

34

注　释　Notes to the Text

1．有一天、一天

表示事情发生的时间记不清了,或者表示没有必要说出准确的时间。类似的说法还有"有一年",如:"有一年,北京下了一场大雪。"

It is used to indicate time that is uncertain or unnecessarily defined. Similar expressions are "有一年" as in "有一年,北京下了一场大雪。"

2．有几个同学在一起聊聊

这是一个带"有"的兼语句。说话人故意不说出具体的人和具体的事情,在这里的意思是把事情说得很轻松,不重要。

The above is a pivotal sentence with "有". The speaker intentionally avoid being precise about the people and things under the topic. They may be unimportant, but what's more, the statement is really given in a light-hearted manner.

3．陆英穿着很得体

这是一个主谓短语做谓语的句子,"陆英"是全句的主语,谓语部分是"穿着很得体"。"穿着"是小主语,"很得体"是小谓语。再如:

The above sentence is formed with a subject-predicate predicate. "陆英" is the subject of the bigger sentence, and "穿着很得体" is its predicate containing a smaller subject "穿着" and a smaller predicate "很得体". Here are some more examples:

昨天天气非常冷。

一个办公室三个人用。

4．你是不知道

这句话的意思是你不了解事实,所以才有这样的想法。

The above sentence means "you think so because you don't know what's it all about".

5．多得把人咸死

"咸死"是一种夸张的说法,意思是太咸了。类似的说法还有:"天冷得能把鼻子冻掉。"意思是极冷。

The exaggerative expression "咸死" means "extremely salty". Similarly one can say "天冷得能把鼻子冻掉" in the sense of "extremely cold".

词语例解　　Word Study

1．想有些什么变化

"什么"在这里是疑问代词的任指用法,表示任何,随便什么。"谁、哪儿"也可以用作任指。

如：

The interrogative "什么" is indefinitely used here in the sense of "any". "谁" and "哪儿" can also be used for indefinite reference, e.g.,

①我饿,想吃点儿什么。

②小王这几天心里不痛快,很想找谁聊聊。

③明天咱们开车去哪儿玩玩怎么样?

2. 却 (副词, adverb)

"却"常常用在转折句中,强调转折关系,意思相当于"但是",不同的是,"却"是副词,因此不能放在全句前面,只放在主语后谓语前。如：

"却" is often used in an adversative sentence, and equivalent to "但是". However "却" is an adverb, therefore it can never be placed at the beginning of a sentence, but can be inserted between the subject and the predicate, e.g.,

①她长得挺漂亮,但是却很愚蠢。

②天气很热,他却穿着很厚的衣服。

③饭菜很好吃,我却一口也吃不下。

3. 本来 (副词, adverb)

意思是原先、原来,表示原来和现在、动机和结果等相反。如：

It means "originally", indicating the difference between the original and the present, or one's motivation and the result, e.g.,

①这里本来没有工厂。(现在这里有工厂。)

②本来我不想来。(可还是来了。)

③他本来是个好人。(现在变成坏人了。)

④我们家本来挺有钱的。(可现在穷了。)

4. 禁不住

忍不住,不由得,控制不住地,表示原本不想做什么,可是在环境的影响下还是做了。如：

It means "cannot but" or "can't help doing something", e.g.,

①看见他哭了,我禁不住也哭了。

②电视里挺热闹的,我也禁不住看两眼。

③大家都喝酒,我也禁不住喝两口。

语　　法　Grammar

1. 不是……就是……

连接选择复句,表示两种情况只能出现一种。如：

It is used to connect two parts of a complex sentence of choices, meaning that only one of the two possibilities is possible, e.g.,

①不是你走，就是我走，(反正只能留下一个人)。

②他不是今天来，就是明天来。

2. 只有……才……

⑴ 连词"只有"常用在条件复句的前一个分句里，表示出现某种结果的唯一条件，后边一个分句要用副词"才"来呼应，表示期望出现的结果或实现的目的。整个复句表示如果没有前边一个分句的条件，就不会出现后一个分句所表示的结果或实现后一个分句所表示的目的。例如：

The conjunction "只有" is generally used in the first clause of a conditional complex sentence, denoting the only condition under which a result is expected. The adverb "才", as a rule, appears in the second clause to show the result or the goal attained. This complex sentence carries the message that the result or goal shown in the second clause cannot be expected without the condition given in the first clause, e.g.,

①只有真正了解市场的需要，才能在决定生产计划时不犯错误。

②只有经常练习，才能学好一门外语。

③她说只有你去请，她才肯来。

⑵"只有……才"也可以用在简单句里强调唯一的人、事物或情况。"才"常常可以省略，省略后句子的基本意思不变。例如：

"只有……才"can also be used in a simple sentence to indicate the only person, thing or situation for what is under discussion. Even if "才" is omitted the meaning of the sentence remains almost the same, e.g.,

①这种主意只有你(才)想得出来。

②全校一千多个学生只有王云会弹钢琴。

③几年前只有中国银行(才)能兑换外币。

练　习

一、熟读下列词语：

1. 洗个没完　　说个没完　　讲个没完　　哭个没完
   笑个没完　　看个没完　　擦个没完　　吃个没完
   喝个没完

2. 往事　　　往常　　　往年　　　往日

3. 接受邀请　　接受任务　　接受礼物　　接受改造
   接受教育　　接受意见　　接受批评

二、用"但是"、"却"填空：

　　1. 虽然中国提倡计划生育，_____中国的人口形势依然很严重。

　　2. 现在中国的出生率已经接近发达国家的水平，_____由于人口基数太大，每年净增人口仍达到 1400 万。

　　3. 小贞的丈夫希望小贞辞职，把家管好，小贞_____有些犹豫。

　　4. 呆在家里可以舒舒服服地当太太，_____与世隔绝了。

　　5. 本来他们夫妻关系很好，_____后来丈夫_____变了心。

　　6. 在家当太太很舒服，_____从另一方面看也有一定的风险。

　　7. 虽然是往事，他_____记忆犹新。

　　8. 陆英认真地对他说，_____他_____以为陆英在开玩笑。

三、用带"本来"的句子回答下列问题：

　　1. "我"和妻子的关系怎么样？

　　2. "我"给陆英打电话，陆英接受"我"的邀请了吗？

　　3. 为什么陆英同意跟"我"约会？

　　4. 小贞的丈夫做什么工作？

　　5. 辞职不辞职小贞拿定主意了吗？

四、用指定词语改句：

　　1. 不是……就是……

　　(1) 星期天我或者去公园，或者在家看电视。

　　(2) 这个孩子走路时，一会儿跑，一会儿跳，不会好好走。

　　(3) 他看电视，只看新闻和球赛，别的节目不看。

　　(4) 他平时只吃鱼和肉，别的菜不喜欢吃。

　　(5) 她做菜的水平不太高，常常忘了放盐，或者把盐放多了。

　　(6) 这个学生学习特别不认真，平时上课或者不来，或者来晚。

　　(7) 这个村子在家的人都是老人或者小孩儿，年轻人都上外地经商去了。

　　(8) 这位经理对别人的意见总是反对，或者说研究研究。

　　(9) 人口的持续增长常常会使粮食供给不足或给就业带来困难。

　　2. 只有……才……

⑴ 改变学习方法,能很快地提高汉语水平。

⑵ 你努力,能学好。

⑶ 去那个商店,能买到你要的东西。

⑷ 吃这种药能治(zhì)好你的病。

⑸ 他只喜欢吃苹果。

⑹ 搞计划生育,人口的增长率能下降。

⑺ 夫妻关系好,家庭生活能幸福。

⑻ 妈妈最了解自己的女儿。

⑼ 不断地解决人口与经济和社会发展的矛盾,社会才能进步。

⑽ 生产发展了,人民生活能提高。

五、按照汉语的词序将下列词语组成句子:

1. 孩子　他　是　虽然　但是　所以　很　个　懂　很　父母
他　事　喜欢

2. 因为　文化　漂亮　妻子　不但　修养　而且　所以　有
丈夫　她　欣赏　很

3. 售票员　她　不　收入　高　是　比较　压力　经济　大

4. 我　笑　禁不住　听　起来　了　了　故事　他　的

5. 嗓子　禁不住　我　舒服　不　有点儿　一声　了　咳嗽

六、根据课文内容判断下列句子的意思是否正确:

1. "我"的妻子没有文化修养,所以"我"不喜欢她了。(　　)

2. 陆英很高兴地接受了"我"的邀请。(　　)

3. 妻子知道"我"去跟谁约会。(　　)

4. "我"和陆英约会时说了一些对"我"妻子不满意的话。(　　)

5. 是妻子让陆英来跟"我"约会的。(　　)

6. 后来我和妻子的关系更好了。(　　)

七、讨论题:

1. 你怎么理解"只有向后看才能理解生活,但要生活好,必须向前看。"这句话?

2. 你认为什么是真正的爱情? 陆英的做法对不对? 为什么?

阅读课文　Reading Text

我的家庭生活

　　生活中没有十全十美的人,也没有十全十美的事。特别是对于现在三十多岁的人来说,"十全十美"这个词在我们的家庭生活中好像已经很陌生了。有的时候,妻子看见别人不是升官就是发财的,就会轻轻叹气说:"你看人家多有本事。"是啊,人家都比我有本事,人家有那个资本。我呢,我只有一个并不是十全十美的家庭。

　　我,上有四老:自己的父母、妻子的父母。虽然不必每天陪着,也要常常照顾;下有一小:刚六岁。每天除了吃饭喝水睡觉起床上厕所,得了病要跑医院,智力投资要买书买琴买画笔,陪上课陪练琴陪写生。幸亏只生一个孩子,还是一个好。在单位上班,当然人家叫干什么我就干什么。一旦下班回家,做饭、买菜、买粮食、洗衣服、修厕所、打扫卫生,大事小事都是我的事。所以我不敢出差,没时间出差;我不敢得病,没权利生病。否则,幼儿园的孩子,谁接? 我父母家的煤气罐,谁换? 妻子父母家的电视出了问题,谁修? 还有我的弟弟妹妹和妻子的弟弟妹妹，今天帮着这个考大学，明天帮着那个找工作，再过几年，恐怕还得帮他们找对象结婚。唉！作儿子，作女婿，作丈夫，作爸爸，作哥哥，作下级，一个人分成几个使。你说，叫我发什么财？升什么官？拿什么和人家比呢？

　　不过，我这个丈夫、爸爸、儿子、女婿也有我的骄傲。我对妻子说："我只想做一个好男人，对你好，对两家父母好，对咱们这个小家好。"我还说："我也有别人比不上的地方呢，我爱你就爱到底，我做一件事就做到底，我从来不会因为生活困难就灰心丧气。因为好男人能撑起一个家，让妻子感到他的爱，让全家过上舒服的生活，虽然这种舒服不是用钱来算的。"

　　妻子不说话了，却为我端上了一杯热茶，是那种便宜的，一块五一两的花茶。我知道，她记得那次她发高烧，我自己虽然也肚子疼，却用自行车把她送到医院，又在她床前坐了一夜；前几天下大雪，为了给她父母买药，我跑了半个北京城……虽然妻子有的时候对我们现在的生活不太满意，但她还是理解了我。

　　我有一个并不是十全十美的家。

阅读课文生词表　Vocabulary for the Reading Text

十全十美		shíquán shíměi	be perfect in every way
陌生	（形）	mòshēng	strange
升官		shēng guān	to be promoted
发财		fā cái	to get rich
叹气		tàn qì	to sigh
本事	（名）	běnshi	ability, skill
资本	（名）	zīběn	capital
陪	（动）	péi	to accompany
智力	（名）	zhìlì	intelligence
投资		tóu zī	to invest
琴	（名）	qín	a general term for a kind of musical instrument
画笔	（名）	huàbǐ	painting brush
写生	（动、名）	xiěshēng	to paint from life, sketch

幸亏	(副)	xìngkuī	fortunately
打扫	(动)	dǎsǎo	to sweep
出差		chū chāi	to be away on official business
权利	(名)	quánlì	right
幼儿园	(名)	yòu'éryuán	kindergarten
煤气罐	(名)	méiqìguàn	gas cylinder
换	(动)	huàn	to change
对象	(名)	duìxiàng	partner in marriage
女婿	(名)	nǚxu	son-in-law
下级	(名)	xiàjí	subordinate
骄傲	(形)	jiāo'ào	proud
到底	(副)	dàodǐ	to the end
灰心丧气		huīxīn sàngqì	be utterly disheartened
撑起		chēngqǐ	to hold up
记得	(动)	jìde	to remember
药	(名)	yào	medicine
端	(动)	duān	to hold with both hands
花茶	(名)	huāchá	jasmine tea

阅读练习　Exercises for the Reading Text

一、根据课文选择唯一恰当的答案

Among the given optional answers, select the one that is closest in meaning to the reading text.

1. 写这篇文章的人自己家里有几口人？

A　三口

B　四口

C　五口

D　七口

2. 写这篇文章的人认为升官发财的资本是什么？

A　家里很有钱

B　没有父母和孩子

C 不必多管家里的事

D 有一个十全十美的家

3. 文章中说到了写这篇文章的人哪方面的情况?

A 他和自己的父母住在一起

B 他在单位很少到外地出差

C 他每天要送孩子上学

D 他自己家里没有电视机

4. 写这篇文章的人认为怎样才是一个好男人?

A 在单位里能升官

B 能给家里很多钱

C 能照顾好自己的家

D 心里不想升官发财

5. 对写这篇文章的人,妻子理解了什么?

A 他很有本事

B 他不喜欢升官发财

C 他为了家很辛苦

D 他没有办法

二、想一想,说一说 Think and answer

1. 你认为写这篇文章的人对自己的生活满意吗? 为什么?

2. 写这篇文章的人是不是一个好男人? 为什么?

3. 在男人的生活中,事业和家庭应该是什么关系?

第四十四课　Lesson 44

走进孩子的世界

　　这个星期,老师要大家调查一下中国儿童教育的问题。经过几天的调查,朱丽叶写了一篇调查报告,题目是《走进孩子的世界》。下面是她写的文章:

　　走进孩子的世界,听到孩子们的呼唤,人们发现:孩子是大人教育的成果,也是大人的镜子。孩子们身上的缺点和不足,正反映了教育者自身的问题。

　　一、教育者期望过高

　　有些父母对孩子期望过高。在教育孩子时,过分急躁,只允许孩子成功,不允许孩子失败;只告诉孩子要去和别人竞争,却不告诉孩子,一个人一生中失败要比成功多得多,要敢于面对失败。今天孩子们经不起挫折,不正是家长教育的结果吗?

二、教育者形象不佳

孩子从小学做人,第一个榜样就是父母。最近,有一次"我们应该怎样从小学做人?"的讨论,其中有这样一道讨论题:"在学做人的道路上,对你影响最大的人是谁?"有一部分孩子写了自己的父母,父母在他们心目中是高大的。

但是我也看到过一个小学生写的文章,文章说:"一天,爸爸高兴地跑回家说:我当上经理了! 全家人都很高兴。可是从那以后,爸爸变了,每天都喝得醉醺醺的,妈妈劝他少喝点儿,可他说这是为了公司的生意。我真不明白,当经理和喝酒有什么关系,我不要经理,我要爸爸!"

听听孩子的话,我们每一个当父母的难道不该问问自己在孩子心目中是什么形象吗?

二、教育方式落后

我们的时代即将跨入 21 世纪,而有些人的教育方法却仍旧十分落后,"爱"得叫孩子们难受。一个六年级的学生写道:

"我们都是独生子女,像家里的'小皇帝'。我们能做的事情都被爸爸妈妈'代劳'了,甚至晚上削铅笔、收拾书包也是爸爸妈妈的事。"

家长们,要教孩子走路,就得让孩子去学走路,要教育孩子做事,就得让孩子自己去做。不让孩子去"做",他们怎么能成人呢?

生词表　New Words

呼唤	(动)	hūhuàn	to call
大人	(名)	dàren	grown-up, adult
成果	(名)	chéngguǒ	achievement
镜子	(名)	jìngzi	mirror
反映	(动)	fǎnyìng	to reflect
教育者	(名)	jiàoyùzhě	educator
自身	(名)	zìshēn	oneself
期望	(动)	qīwàng	to expect
过高		guògāo	too high
父母	(名)	fùmǔ	parents

过分	(形)	guòfèn	excessive
急躁	(形)	jízào	impatient
允许	(动)	yǔnxǔ	to allow
成功	(动、形)	chénggōng	to succeed, successful
失败	(动、名)	shībài	to fail, failure
竞争	(动、名)	jìngzhēng	to compete, competition
一生	(名)	yìshēng	all one's life
敢于	(动)	gǎnyú	dare
面对	(动)	miànduì	to face
经不起		jīng bu qǐ	cannot withstand
挫折	(名)	cuòzhé	setback
不正是		bú zhèngshì	not exactly
家长	(名)	jiāzhǎng	parent of a child
结果	(名)	jiéguǒ	result
形象	(名)	xíngxiàng	image
不佳		bù jiā	bad
从小		cóngxiǎo	since one's childhood
做人		zuò rén	to conduct oneself
榜样	(名)	bǎngyàng	good example
怎样	(代)	zěnyàng	how
其中	(名)	qízhōng	of which, among
道路	(名)	dàolù	road
影响	(动、名)	yǐngxiǎng	influence
一部分	(名)	yí bùfèn	a part
心目	(名)	xīnmù	in one's eyes
高大	(形)	gāodà	lofty
小学生	(名)	xiǎoxuéshēng	pupil
一天	(名)	yìtiān	one day
全家人		quánjiārén	the whole family
醉醺醺	(形)	zuìxūnxūn	drunk
劝	(动)	quàn	to advise
少	(形、动)	shǎo	less, fewer
明白	(形、动)	míngbai	clear, to understand

喝酒		hē jiǔ	to drink alcoholic liquor
话	（名）	huà	words, instruction
难道	（副）	nándào	(an adverb for rhetorical questions)
方式	（名）	fāngshì	way, form
落后	（形）	luòhòu	backward
时代	（名）	shídài	times, era
即将	（副）	jíjiāng	to be about
跨入	（动）	kuàrù	to enter
而	（连）	ér	but, yet
仍旧	（副）	réngjiù	still
独生子女	（名）	dúshēngzǐnǚ	only child
像	（动）	xiàng	like
小皇帝	（名）	xiǎohuángdì	baby emperor
代劳	（动）	dàiláo	to do something for somebody
甚至	（副、连）	shènzhì	even
削	（动）	xiāo	to sharpen
成人	（名）	chéngrén	adult

注　释　Notes to the Text

1. 正反映了教育者自身的问题

"正"，正好、恰恰。这句话是说，孩子有缺点，正好说明教育者，也就是家长自己，是有问题的。

"正" means "exactly". The message contained in the sentence is that the children's weak points exactly reflect the shortcomings of their educators, or their parents.

2. 我当上经理了

"上"是趋向补语，这里用的是"上"的引申意义，表示达到了目的，含有地位由低到高的意味。"当上经理了"含有实现了当经理的愿望，位置比以前高了的意思。

The directional complement "上" here is used in an extended way with the meaning of "a goal has been attained" or "promotion to a higher position from a lower one". "当上经理了" means that one's wish to become a manager has come true or one has been promoted.

3. 从那以后

"那"，指父亲当上经理那件事，"从那以后"，就是从父亲当上经理以后。这是一个表示时间的状语。

It is a time adverbial in which"那" refers to "my father's promotion to manager", and "从那以后" means "since my father's promotion".

4."爱"得叫孩子们难受

在这里,"爱"字加上了引号,表示不是一般的爱,而是一种不正常的爱,爱表现得过分,不得法,所以,这种爱会使孩子难受。

Here the word "love" is given within quotation marks in the sense of "so called 'love'", or "show too much fondness". Children often find it difficult to put up with the way they are doted upon.

5. 独生子女

独生子女是指每个家庭只有一个孩子,由于中国的人口很多,有必要限制人口的增长,所以国家提倡每个家庭只生一个小孩。

"The only child" refers to those children whose parents are advised to have no more than one boy or girl under the present state policy of family planning adopted due to the overgrowth of China's population.

6. 怎么才能成人呢?

这是一个反问句,意思是,如果不让孩子去做,他们便会由于得不到锻炼,而难于在长大后自立。成人,指身心发育成熟。

It is a rhetorical question, meaning that children would always depend upon their parents if they never do anything with their own hands. Here "成人"means physical and mental maturity.

词语例解　Word Study

1. 过分
形容词,指说话或做事超过了一定的限度或程度,可以用来修饰谓语,也可以作谓语。如:

It is used as an adjective to modify the predicate, or as a predicate by itself, meaning "excessive", e.g.,

①家长在教育孩子时,过分急躁。

②过分谦虚,人就显得很虚伪。

③你这样做太过分了。

2. 多得多
这是由"多"充当程度补语的结构,表示差距很大。如:

In the above phrase the second "多" acts as a complement of degree to show the great difference between two numbers or things, e.g.,

①我们班男生比女生多得多。

②我们班女生比男生少得多。

③他们学校比我们学校大得多。

语　法　Grammar

1. 反问句(2)　是非问句形式的反问句

Rhetorical Question (2)：Yes-No Rhetorical Questions

各种问句都可以当反问句用。是非问句和特殊问句做反问句时,肯定形式强调否定的意思,否定形式强调肯定的意思。如:

All interrogative sentences can be used as rhetorical questions. When yes-no and special questions serve as rhetorical questions, their affirmative forms are used for negative emphasis, and vice versa, e.g.,

①大家都不去,你愿意去吗? (你肯定不愿意去。)

②大家都去了,他能不去? (他一定会去。)

③他们家的事,谁不知道啊? (肯定谁都知道。)

使用反问句,可以起到加强语气的作用。本课的两个反问句就是如此:

Rhetorical questions add force to the tone. The two sentences of the type in this text have such an effect.

不正是家长教育的结果吗? (确实是家长教育的结果。)

难道不该问问自己吗? (确实应该问问自己。)

2. 经不起

"动词+不+起"表示没有能力或不能经受。肯定形式是"动词+得+起"。如:

The structure "Verb ＋ 不 ＋ 起" expresses the meaning of "cannot afford" or "cannot stand". Its affirmative form is "verb ＋ 得 ＋ 起", e.g.,

①这东西很便宜,一般人都买得起。 (有能力买。)

②这东西太贵了,一般人都买不起。 (没有能力买。)

③这个人很软弱,一点失败都经不起。 (没有能力经受。)

④他很坚强,任何失败都经得起。 (有能力经受。)

再如:

Here are some more examples:

⑤喝不起茅台酒。

⑥住不起大饭店。

⑦坐不起飞机。

3. A 和 B 有关系

这个格式的意思是两件事之间有关系,而且往往是要说后一件事对前一件事产生影响,或是前一件事产生的原因。"有关系"可以简化成"有关";否定式是"没(有)关系"或"无关"。如：

The above pattern is used to indicate that one thing has something to do with the other, and the latter gives rise to the former. "有关系"may be simplified as "有关". Its negative form is "没(有)关系" or "无关", e.g.,

①肺癌和吸烟有关系。(吸烟引起肺癌。)

②孩子的成长和家长有关。(家长影响孩子的成长。)

③学习成绩和性别没有关系。

④这件事和我无关。

4. 要……, 就得……

条件复句。"要"引导的分句表示结果,"就得"引导的分句表示条件,如果想达到预期的目的,就应该先满足一个条件。"得"念"děi",意思是"应该"。如：

The above pattern is used in a conditional complex sentence. The clause introduced by "要" shows the result whereas the clause introduced by "就得" indicates the condition. The result can be expected only when the condition is satisfied. "得"is pronounced as "děi", meaning "should", e.g.,

①要教孩子走路,就得让孩子去学走路。

"教孩子走路"是目的,"让孩子学走路"是条件;如果不让孩子学走路,无论你怎么教,他也还是不会走路。再如：

"教孩子走路" is the purpose whereas "让孩子学走路" is the condition. Although you have taught a child how to walk, he would be unable to do so without trying by himself. Here are some more examples:

②要想知道北京什么样,就得亲自去看看。

③要想把汉字写好,就得天天练习。

④要学中国历史,就得先学好汉语。

练 习

一、熟读下列词语：

1. 调查……的问题　调查情况　调查人口　调查一下儿
对……进行调查　调查研究　作调查　经过调查
调查结束　调查报告

2. 教育孩子　教育学生　对谁进行教育　教育方法
教育方式　教育成果　教育者

3. 影响别人　对……有影响　对学习有影响
对孩子有影响　对……没有影响　对学生影响很大

50

对别人影响不大

4. 反映情况　　反映问题　　反映出来　　反映上去

　　　把……情况反映给……　　　把问题反映到……那儿

5. 多得多　　少得多　　大得多　　小得多　　高得多

　　矮得多　　冷得多　　热得多　　落后得多　　急躁得多

二、用指定的反问句形式改写下列句子:

　　1. 他们夫妻关系很好。(不是……吗?)

　　2. 玛丽对中国人口问题很感兴趣。(不是……吗?)

　　3. 玛丽了解了不少情况。(不是……吗?)

　　4. 中国的人口形势很严重。(难道……吗?)

　　5. 我们的教育方式有问题。(难道……吗?)

　　6. 当经理不一定要喝酒。(难道……吗?)

　　7. 你的孩子像家里的'小皇帝'。(难道……吗?)

　　8. 他的妻子漂亮、贤惠。(不是……吗?)

　　9. 这说明他已经变心了。(不是……吗?)

　　10. 陆英说得很对。(难道……吗?)

三、用动词+"得"或"不"+"起"填空:

　　1. 这件衣服太贵,我_____。

　　2. 对学习不好的学生不要_____。

　　3. 她整天呆在家里吃喝玩乐,她的丈夫_____她了。

　　4. 很多农村的孩子因为_____学费,不能上学。

　　5. 我_____这种房子,房租太贵。

　　6. 这种自行车太贵,我_____,只能买一辆便宜点儿的。

　　7. 咱们_____贵菜,吃点儿便宜菜。

　　8. 他 _____我,我也_____他。

　　9. 这种药真贵,一般人_____。

　　10. 这种出租车两块钱一公里,我可_____。

四、用"……有关(系)"和下列词组造句:

　　例:病　　　　吸烟

　　　　这种病和吸烟有很大关系。

　　1. 健康　　　　锻炼

2. 事情　　　　别人

3. 耕地面积　　人口

4. 经理　　　　喝酒

5. 夫妻关系　　收入

6. 收入　　　　工作

7. 爱情　　　　感情

8. 婚姻　　　　生活

9. 生意　　　　经理

10. 成绩　　　　方法

五、用"要……""或"就得……"完成句子：

1. 要了解中国的人口问题，_____。

2. 要想让人口的自然增长率下降，_____。

3. 要解决粮食供给不足的问题，_____。

4. 要想多赚钱，_____。

5. 要想生活好，_____。

6. _____，就得互相理解。

7. _____，父母就得注意自己的形象。

8. _____，就得改正落后的教育方法。

9. _____，就得多调查研究。

10. _____，就得告诉孩子不要怕失败。

六、根据课文内容判断下列句子的意思是否正确：

1. 朱丽叶认为父母对孩子期望过高不好。（　　　）

2. 在教育孩子时，朱丽叶认为只能允许孩子成功，不能允许孩子失败。（　　　）

3. 父母是孩子的第一个榜样。（　　　）

4. 父母在孩子的心目中都是高大的形象。（　　　）

5. 孩子不喜欢父母爱他们。（　　　）

七、讨论题：

1. 你怎么理解：孩子是大人教育的成果，也是大人的镜子？

2. 家长应该怎么教育孩子？

3. 你们国家的教育者是怎么教育孩子的？你的父母是怎么教育

你的？

阅读课文　Reading Text

我们已经长大了

　　一天，第五小学六年级三班开讨论会，王老师让大家谈谈对自己的爸爸妈妈有什么希望。她刚说完，就有好几个同学举手。李明说："我希望我爸爸妈妈能让我自己做我能做的事。他们常常在别人面前夸奖我刚一岁时就能自己走了，可现在我已经十一岁了，却觉得他们还是老想扶着我走。"李明的话马上得到了大家的响应。王新新说："我妈最让我烦的事，就是什么事都早给我安排好了。一到周末，她就说，明天你不上课，早上起来背英语单词，吃过早饭做数学题，下午练练钢琴，晚饭后写篇作文。真让人烦死了。"

　　"我妈也是。有一回，我从学校带回去一张报纸杂志订阅单，我妈也没问问我就填上了。"谢小明停了一下，又接着说："我希望大人也要尊重我们的自主权。"

　　"我妈妈就是爱唠叨。本来我自己能干好的事，让她一唠叨，我心里一烦，没准儿就干不好了。"

"我爸老想让我按他的思路写作文。"

"我妈从来不让我干家务活儿，洗衣服怕我洗不干净、洗碗怕我摔碎了东西。她不知道我已经会做这些事了，家里没人时我做过，可她从来没问过我。"

"我爸爸从来不让我一个人下楼跟别的孩子玩儿。"

"我妈一听见有同学给我打电话就在我旁边站着，完了还让我把电话内容都说给她听。"

"我爸也这样。"

"我不希望老让人管着。"

"我也是。"

"……"

最后，张也同学又说出了大家的一个心愿："要是我们的爸爸妈妈今天能在这里听听该有多好哇。"

阅读课文生词表　Vocabulary for the Reading Text

长	（动）	zhǎng	to grow
举手		jǔ shǒu	to put up hands
李明	（专名）	Lǐ Míng	(name of a person)
面前	（名）	miànqián	front
夸奖	（动）	kuājiǎng	to praise
扶	（动）	fú	to support with the hand
得到	（动）	dédào	to obtain
响应	（动）	xiǎngyìng	to respond
王新新	（专名）	Wáng Xīnxīn	(name of a person)
烦	（形、动）	fán	to get annoyed; tired
背	（动）	bèi	to say from memory
单词	（名）	dāncí	word
钢琴	（名）	gāngqín	piano
作文	（名）	zuòwén	essay
订阅单	（名）	dìngyuèdān	subscribing form
谢小明	（专名）	Xiè Xiǎomíng	(name of a person)

尊重	(动)	zūnzhòng	to respect
自主权	(名)	zìzhǔquán	right of self- decision
唠叨	(动)	láodao	to chatter
按	(介)	àn	according to
思路	(名)	sīlù	train of thought
家务活儿	(名)	jiāwù huór	household chores
摔	(动)	shuāi	to break
碎	(形)	suì	broken
楼	(名)	lóu	building
张也	(专名)	Zhāng Yě	(name of person)
心愿	(名)	xīnyuàn	wish

阅读练习　Exercises for the Reading Text

一、根据课文选择唯一恰当的答案

Among the given optional answers, select the one that is closest in meaning to the reading text.

1. 李明对自己的父母有什么意见?
   A　老扶着他走路
   B　老在别人面前夸奖他
   C　老让他做家务事
   D　老把他看成小孩子

2. 最让王新新烦的事是什么?
   A　爸爸老让她做这个做那个
   B　妈妈不让她自己安排自己的事
   C　妈妈常不让她上课
   D　妈妈不让她玩

3. 谢小明对什么不满意?
   A　妈妈不听他的意见
   B　爸爸为他填了订阅单
   C　妈妈不让他看报纸和杂志

55

D　妈妈要了他不喜欢的报纸

4．同学们说到下面哪种情况？
　　A　父母不让孩子打电话
　　B　妈妈让孩子做太多的家务事
　　C　有的父母不管孩子
　　D　父亲不让自己的孩子出去和别的孩子玩

5．写这篇文章的人认为：
　　A　孩子的意见不一定对
　　B　父母不应该管自己的孩子
　　C　父母应该了解孩子的要求
　　D　孩子可以想做什么就做什么

二、想一想,说一说 Think and Answer
1．在教育孩子方面,中国的父母和你自己国家的父母有什么不同？
2．中国的父母管孩子的方法对不对？为什么？
3．孩子应不应该了解父母的心愿？为什么？

第四十五课　Lesson 45

中国古代历史概况

　　这是一个星期天,玛丽、杰克和三木由子来到中国历史博物馆。这天来参观的人还真不少,其中有很多中、小学生。杰克和玛丽都是第一次来,三木由子以前来过几次,所以她主动给玛丽和杰克当向导。

　　他们走进第一个大厅,这里陈列的是中国上古时期的展品。他们来到一座雕塑的头像前,杰克问:

　　"这是最古老的中国人吗?"

　　"不,"三木由子说。"这是北京人,也叫北京猿人。北京人生活在五六十万年以前的北京地区,但它们还不是最古老的人。在中国发现的最早的人是元谋猿人。你们看,这就是元谋人的牙齿化石。元谋人是生活在一百七十万年前的古人类,他们的化石是在云南省的元谋地区发现的,因此叫元谋人。"

"一百七十万年前,那说明中国是人类的发源地之一了,"玛丽说。

"没错儿,"三木由子说。"中国有很悠久的历史。在五、六千年以前,中国已经进入了原始社会,那时的人已经有了相当发达的文化。当时在长江流域有一种文化叫做河姆渡文化,在黄河流域有一种叫做半坡文化。"

杰克说:"半坡文化我知道。半坡文化遗址在西安附近,我去年去过。半坡人已经能制造很多工具和艺术品。"

三木由子接着介绍:中国传说中的帝王黄帝和炎帝本来是兄弟,分别领导着自己的部落。后来他们打了一仗,炎帝被打败了,黄帝就成了部落联盟的领导。

黄帝时出现了很多发明创造,如养蚕、造船、文字、音乐、医学、算术等,在那时都有了相当大的发展。中国人把黄帝和炎帝当做自己的祖先,所以中国人现在还说自己是"炎黄子孙"。

到了公元前21世纪,中国建立了最早的国家——夏朝。夏朝之后是商朝。在商朝,我们现在能看到的中国最早的文字——甲骨文出现了。甲骨文上记录了当时发生的一些事情,这对研究中国上古历史有很重要的价值。甲骨文大约是四千年以前的文字,所以说,中国有文字记录的历史大约有四千年。

公元前221年,秦始皇统一了中国,从此,中国就基本上是一个统一的国家了。

世界上其他地区曾经产生过的古代文明由于种种原因都没有能延续到今天。中国的文化一直延续到现在,这不能不说是一个奇迹。

生词表 New Words

概况	(名)	gàikuàng	an outline of
主动	(形)	zhǔdòng	initiative
向导	(名)	xiàngdǎo	guide
大厅	(动)	dàtīng	hall
陈列	(动)	chénliè	to exhibit
上古	(动)	shànggǔ	ancient times
时期	(名)	shíqī	times

展品	（动）	zhǎnpǐn	exhibit
座	（量）	zuò	(a measure word)
雕塑	（动、名）	diāosù	to sculpt, sculpture
头像	（动）	tóuxiàng	head (portrait)
古老	（形）	gǔlǎo	ancient
猿人	（名）	yuánrén	ape-man
地区	（名）	dìqū	area
元谋	（专名）	Yuánmóu	(name of a place)
元谋人	（专名）	Yuánmóurén	Yuanmou man
化石	（名）	huàshí	fossil
古人类	（名）	gǔrénlèi	ancient
云南省	（专名）	Yúnnán Shěng	Yunnan Province
人类	（名）	rénlèi	mankind
发源地	（名）	fāyuándì	place of origin
之一	（名）	zhīyī	one of
进入	（动）	jìnrù	to enter
原始	（形）	yuánshǐ	primitive
当时	（名）	dāngshí	at that time
长江	（专名）	Chángjiāng	the Changjiang River
流域	（名）	liúyù	valley
叫做	（动）	jiàozuò	to call
河姆渡	（专名）	Hémǔdù	(name of a place)
黄河	（专名）	Huánghé	the Huanghe River
半坡	（专名）	Bànpō	(name of a place)
遗址	（名）	yízhǐ	ruins
不仅	（连）	bùjǐn	not only
制造	（动）	zhìzào	to make
工具	（名）	gōngjù	tool
艺术品	（名）	yìshùpǐn	work of art
传说	（动、名）	chuánshuō	the story goes, legend; it is said
帝王	（名）	dìwáng	emperor
黄帝	（专名）	Huáng Dì	Huang Di (the Yellow Emperor)

炎帝	(专名)	Yán Dì	Yan Di (the Yan Emperor)
兄弟	(名)	xiōngdì	brother
分别	(副)	fēnbié	respectively
领导	(动)	lǐngdǎo	to lead
部落	(名)	bùluò	tribe
受到	(动)	shòudào	to receive
各	(代)	gè	each
拥护	(动)	yōnghù	to support
打仗		dǎ zhàng	to fight a battle
打败	(动)	dǎbài	to be defeated
联盟	(名)	liánméng	alliance
发明	(动、名)	fāmíng	to invent; invention
创造	(动、名)	chuàngzào	to create, creation
如	(动)	rú	for example, such as
养蚕		yǎng cán	to raise silkworms
造船		zào chuán	to build ships
文字	(名)	wénzì	written language
医学	(名)	yīxué	medical science
算术	(名)	suànshù	arithmetic
当做	(动)	dàngzuò	to regard as
祖先	(名)	zǔxiān	ancestor
炎黄子孙	(名)	Yán Huáng zǐsūn	descendants of Yan Di and Huang Di
公元	(名)	gōngyuán	Christian era
建立	(动)	jiànlì	to establish
夏朝	(专名)	Xià Cháo	the Xia Dynasty
之后	(名)	zhīhòu	after
商朝	(专名)	Shāng Cháo	the Shang Dynasty
甲骨文	(专名)	Jiǎgǔwén	inscription on bones or tortoise shells
记录	(动、名)	jìlù	to record, record
价值	(名)	jiàzhí	value
大约	(副)	dàyuē	about

秦始皇	（专名）	Qínshǐhuáng	the first emperor of the Qin Dynasty
统一	（动、形）	tǒngyī	to unify, united
从此	（连）	cóngcǐ	since then
文明	（名、形）	wénmíng	civilization, civilized
种种	（量）	zhǒngzhǒng	all sorts of
延续	（动）	yánxù	to continue

注　释　Notes to the Text

1. 来参观的人还真不少

"还"，副词，用在形容词前,表示没有想到事情会是这样,含有一点惊奇和感叹的语气。再如：

The adverb "还" used before an adjective indicates one's surprise at the result beyond expectation. Here are some more examples：

①昨天天气预报说今天会刮风,我觉得预报不一定准,没想到,今天还真的挺冷。

②我们是开个玩笑,你还真相信啊?

2. 其中有很多中小学生

"中小学生"是"中学生和小学生"的缩略形式,这样的例子还有：

"中小学生" is the shortened form of "中学生和小学生". Similar abbreviations are ：

①大中学生(大学生和中学生)

②中外学生(中国学生和外国学生)

③大中型企业(大型企业和中型企业)

④中老年朋友(中年朋友和老年朋友)

3. 夏朝

朝代,约从公元前 22 世纪末到公元前 17 世纪初,由禹(Yǔ)所建,是中国最早的王朝。

The Xia, the first dynasty in Chinese history, was established by Yu. It existed between the end of the 22nd century B.C. and the beginning of the 17th century B.C.

4. 商朝

朝代,约从公元前 17 世纪到公元前 11 世纪,由汤(Tāng)所建。中国有文字记载的历史从商朝开始。

The Shang Dynasty established by Tang existed between the 17th century B.C. and the

11th Century B.C.. Chinese recorded history is believed to start from then.

5. 甲骨文

我们现在能看到的中国最早的文字,也是世界上出现最早的文字之一。甲骨文出现在商朝,到现在有约 4000 年的历史。当时人们把文字刻在乌龟(wūguī)的背甲和牛骨头上,所以叫甲骨文。甲骨文是本世纪初发现的。

They are regarded as the oldest Chinese written language, and one of the oldest written languages in the world. The inscriptions on bones or tortoise shells appeared in the Shang Dynasty, almost 4000 years ago, but their discovery was made at the beginning of this century.

6. 公元前 21 世纪

国际通用的公历的纪元,是大多数国家纪年的标准,根据《圣经》,耶稣出生的那一年是公元第一年,现在是公元 1997 年。

The Gregorian calendar system is adopted by most countries in the world. According to the Bible the birth of Jesus marks the beginning of the Christian era. The present year is 1997.

如果要记数(shǔ)公元第一年以前的年份,要用"公元前"的说法,用"公元前"时,数字越大,所说的年份离现在越远,如:

"公元前 1000 年"指的是 2995 年以前的那一年,"公元前 2000 年"指的是 3995 年以前的那一年。

To record a year before the Christian era in Chinese, "公元前" should be used. Thus the greater the number is, the farther it is from now. For instance, "公元前 1000 年" refers to the year dating 2995 years back. Similarly, "公元前 2000 年" refers to the year dating 3995 years back.

7. 秦始皇

中国古代的皇帝,生于公元前 259 年,死于公元前 210 年。秦始皇统一中国,建立了中央集权的封建国家秦朝。

秦始皇 is a Chinese emperor (259B.C.-210B.C.) during whose reign China was unified under a central feudal government.

8. 种种原因

"种种"是各种各样的意思,"种种原因"等于说"各种各样的原因",再如:

"种种"means "all kinds of". Thus "种种原因"can be interpreted as "various reasons". The following are similar expressions:

①种种理由——各种各样的理由

②种种借口——各种各样的借口

③种种说法——各种各样的说法

词语例解　Word Study

1. 因此（连词, conjunction）

"因",因为;"此",这个(原因、理由),"因此"表示原因。前面说出一件事,接着用"因此",表明那件事是这件事的原因。如:

"因"means "because","此"means "this". Logically "因此"is "because of this", e.g.,

①他们的化石是在云南省的元谋地区发现的,因此叫元谋人。

②天气预报说要下雨,因此我带了伞。

③他昨天生病了,因此今天没来上课。

2. 之一

其中的一个(一种、一类等),表示同类事物里的一个。"之一"前边是一个名词或名词性结构。如:

"之一" means "one of（them/the types）". It is always preceded by a noun or a nominal structure, e.g.,

①发源地之一

②西安是中国的古都之一。

③中国是世界上历史最悠久的国家之一。

④二十世纪有很多伟大的发明,其中之一就是电子计算机。

3. 相当（副词, adverb）

表示程度比较高,但还不到"很"的程度,用来修饰形容词。如:这种车的速度很快,那种车慢一点,但也相当快了。

It is equal to "fairly", not in the same sense as "很". It is often used to modify an adjective, as in "这种车的速度很快,那种车慢一点,但也相当快了。"

①你汉语说得相当不错。

②北京的冬天相当冷。

③这件衣服相当贵。

④我这几天相当累。

4. 曾经（副词, adverb）

表示从前有过某种行为或情况,用在动词或谓语前。如:

It generally goes before a verb or a predicate, indicating an action or event that took place in the past, e.g.,

①我曾经去过北京,以后有机会还要去。

②这个人我曾经见过,但现在想不起他的名字了。

③我曾经一口气喝十杯酒,现在老了,喝不了那么多了。

④他曾经是个运动员,后来才当教练。

5. 大约（副词, adverb）

　　表示概数,意思是估计的数目并不十分精确,如:

It is used to indicate an approximate number, e.g.,

①他大约 50 岁。（估计他 50 岁左右）

②我没戴手表,现在大约 12 点。（现在差不多 12 点）

③火车大约晚点半个小时。

语　法　grammar

1. 对……有……价值

　　这个句式表示某事或某物对另一件事有帮助或有好处,格式是:

The above pattern is used to indicate that something is good for, or of benefit to something else. Its general order is —

　　某物(事)＋"对"＋另一物(事)＋"(很)有"＋某种＋"价值"。例如:

Something ＋ 对 ＋ Something else ＋ (很)有 ＋ Some ＋ Value, e.g.,

①这种食品对人有很高的营养价值。

②文学对社会有认识价值。

③这种东西对研究工作没有什么价值。

④这份资料对了解事实真相很有价值。

2. 不能不

　　"不能不",是双重否定形式,表示的是肯定的意思,有加强语气的作用。"不能不说是个奇迹"等于说"应该说是个奇迹"。又如:

　　"不能不"is a double negative form for affirmative emphasis. "不能不说是个奇迹" is equal to "应该说是个奇迹". The following are similar examples:

①他来请我,我不能不去。（我必须去）

②好几天我都没说,今天我不能不说了。（我一定要说）

③这都是他们的事,他们不会不做。（都会做）

④他们不是不了解情况。（他们了解情况）

练　习

一、熟读下列词组并用带点儿的词组造句:

1. 主动介绍　　主动提出　　主动回答　　主动帮助谁

主动收拾　　　主动给谁打电话　　　主动让座儿

2．受到拥护　　受到欢迎　　受到困扰　　受到邀请

　　受到挫折　　受到影响　　　受到教育　　　受到重视

　　受到污染

3．有记录　没有记录　作记录　记录着……　记录了……

二、用"因此""所以"填空：

　　1．因为三木由子以前来过几次，_____她主动给玛丽和杰克当向导。

　　2．甲骨文大约是四千年以前的汉字，_____说，中国有文字记录的历史大约有四千年。

　　3．因为中国人把黄帝和炎帝当做自己的祖先，_____中国人现在还说自己是"炎黄子孙"。

　　4．因为中国提倡计划生育，_____人口的自然增长率下降了。

　　5．由于小贞的丈夫事情特别多，_____他希望小贞辞职，把家管好。

　　6．因为小贞拿不定主意，_____她找朋友商量商量。

三、用"之一"改写下列句子：

　　例：北京有很多名胜古迹，长城就是一个。

　　　　长城是北京的名胜古迹之一。

　　1．中国是世界上的文明古国里面的一个国家。

　　2．人类的发源地有好几个，中国就是一个。

　　3．我们班有不少努力学习的学生，他是一个。

　　4．这个学校今年有几个老师辞职经商了，小王就是这里面的一个。

　　5．中国历史上有几个有名的皇帝，秦始皇是一个。

　　6．有几个村子计划生育工作做得不错，比如这个村子。

　　7．这次考试有几个学生考得不错，玛丽是这里面的一个。

　　8．有很多学生调查报告写得很好，比如朱丽叶。

　　9．世界上有不少国家的人口形势严重，中国是一个。

　　10．有不少男人希望自己的妻子辞职在家里当太太，比如小贞的

丈夫就是这样。

四、用"对……(很)有……价值"与下列词组造句：

例：展品　　　研究古代历史

　　这些展品对研究中国的古代历史有很大的价值。

1. 甲骨文　　　中国上古历史
2. 调查报告　　研究儿童教育
3. 发明　　　　提高产品质量
4. 文章　　　　了解经济发展
5. 事情　　　　理解什么是真正的爱情
6. 旅行　　　　了解民族习惯

五、用"不能不"改写下列句子：

1. 今天的会很重要，你一定要参加。
2. 这次的调查报告是一次考试，你必须得写。
3. 售票员的工作收入太低，为了生活得好一点儿，他只能辞职经商。
4. 今天晚上是朱丽叶的生日晚会，我必须去参加。
5. 我交的那个朋友不理想，我们只好分手。
6. 做作业可以帮助你复习，你一定要做。

六、将"曾经"放在下列句子中合适的位置：

1. A我B以前C来过北京，可是D呆得时间太短。
2. A小贞的丈夫B是C汽车售票员，后来D经商了。
3. A这里B是C一个村子，现在D是一个小城市了。
4. A他B会C三种外语，由于多年D不用，现在差不多都忘了。
5. 他A说，他B给我C打过三次电话，可我D都不在。

七、讨论题：

1. 为什么说中国是人类的发源地之一？
2. 为什么说中国人是"炎黄子孙"？
3. 世界上的文明古国，除了中国以外，你知道还有哪些国家吗？
4. 中国的古老文明为什么能一直延续到现在？

太阳的传说

　　传说在很久很久以前，世界完全不是现在这个样子。那时的自然环境非常不好，到处都是能吃人的野兽，更可怕的是，那时天上一共有十个太阳。这十个太阳是兄弟，而且这十个太阳谁也不知道累，整天在天上呆着，一会儿也不休息，天上、地下都被他们烤得火热，天是红颜色的，地上的河流被烤干，没有水了，庄稼被烤死了，树被烤得燃烧起来。在这样的环境下，人怎么能生活呢？

　　当时有一个部落的头领，名字叫尧。尧看到这种情况，心里十分着急，整天考虑如何对付这十个太阳。在尧的部落里，有一个年轻人，名字叫做羿，羿射箭射得非常好。有一天，尧想到让羿去对付这十个太阳。于是，他就把羿叫来，对他说："你看，天上这十个太阳这么厉害，大家的日子过不下去了，你能不能想点办法啊？"

　　羿说："看着这种情况，我心里也着急。我想，要是把这十个太阳射死，天气不就凉快了吗？"

尧说:"这是个好主意。我看咱们部落里,你射箭最棒,就由你去把他们都射死吧。"

羿说:"好吧,只是我的弓和箭不太好,射别的什么东西还行,要是射太阳,恐怕就不行了。"

尧说:"没关系,我这里有一张大弓,还有十支好箭,都给你,你去把那十个太阳给我射下来,一个也别让他跑了。"

羿拿着尧给他的弓和箭,就出发了。

羿来到外边,外边真是能把人热死。羿想早点儿干完早点儿回家。他来到一块空地,很快就找到了第一个太阳,这是老大,这十个太阳里他最厉害。羿一箭射去,只见那中了箭的太阳,冒着黑烟就掉下去了。接着,羿又一口气射掉了八个太阳,只剩下最小的一个了。

九个太阳都死了,天气凉快多了。那最小的一个太阳,见九个兄弟都被羿射死了,赶快躲到了山后面。九个太阳死了,一个躲起来了,天虽然凉快了,可也黑了不少。羿想,要是把太阳都射死,那不就更黑了?谁来给人们照亮呢? 他就对躲在山后的小太阳说:"你出来吧,我不射你了。"

小太阳说:"先生的箭射得那么好,我可不敢出来。"

羿说:"你出来吧,没事。你那几个兄弟太坏,所以我把他们射下来了。如果你愿意照我说的去做,我就不射你。"

小太阳说:"先生要我干什么就请说吧。"

羿说:"你以后不要整天在天上呆着,早上你从东边出来,从东往西,在天上转一圈,晚上你从西边下去,到山后边休息一夜,第二天早上,再出来。只要你这样做,我就不把你射下来。你看怎么样?"

小太阳说:"谢谢先生不射我,以后,我一定照您说的做。"说完,小太阳就躲到山后边休息去了。

阅读课文生词表　Vocabulary for the Reading Text

太阳	(名)	tàiyáng	the sun
野兽	(名)	yěshòu	wild animal
天上	(名)	tiānshang	heaven
地下	(名)	dìxia	earth
烤	(动)	kǎo	to scorch

火热	（形）	huǒrè	burning
地上	（名）	dìshang	ground
河流	（名）	héliú	river
庄稼	（名）	zhuāngjia	crops
树	（名）	shù	tree
燃烧	（动）	ránshāo	to burn
头领	（名）	tóulǐng	chief
尧	（专名）	Yáo	(name of a person)
对付	（动）	duìfù	to deal with
羿	（专名）	Yì	(name of a person)
射箭		shè jiàn	to shoot an arrow
厉害	（形）	lìhai	terrible
日子	（名）	rìzi	day, life
射	（动）	shè	to shoot
由	（介）	yóu	by
弓	（名）	gōng	bow
箭	（名）	jiàn	arrow
空地	（名）	kòngdì	open ground
只见		zhǐjiàn	only
冒	（动）	mào	to rise
烟	（名）	yān	smoke
掉	（动）	diào	to fall
剩下		shèngxia	to be left
躲	（动）	duǒ	to hide
照亮	（动）	zhàoliàng	to shine
圈	（名）	quān	circle

阅读练习 Exercises for the Reading Text

一、根据课文,选择唯一恰当的答案

Among the given optional answers, select the one that is closest in meaning to the reading text.

1. 传说,很多年以前,天上的太阳:

A　非常大

B　能吃人

C　十分可怕

B　整天休息

2. 尧让羿想办法对付天上的太阳,因为羿:

A　很有本事

B　最有勇气

C　是最年轻的

D　是部落头领

3. 尧让羿去射太阳,羿开始时担心自己:

A　能力不够

B　弓箭不好

C　身体不行

D　死在外边

4. 羿射掉的第一个太阳,是十个太阳里:

A　最坏的

B　最小的

C　最胆怯的

D　最没本事的

5. 羿让最后那个太阳每天从东往西转一圈,那个太阳:

A　觉得很难做到

B　表示完全接受

C　一点儿也不害怕

D　不敢照他说的做

二、想一想,说一说 Think and answer

1. 传说,很久以前,世界是什么样子?

2. 羿是怎么对付那十个太阳的?

3. 你们国家有没有太阳的传说? 你能讲讲吗?

第四十六课　Lesson 46

中国的地理

　　下午有一个关于中国地理的讲座,朱丽叶和玛丽都来了。她们虽然对中国地理有一定的了解,但了解得不具体,所以还想来听听。

　　中国位于亚洲的东部,在太平洋的西岸。南北长 5500 公里,东西长 5000 公里,陆地面积约 960 万平方公里,居世界第三位。中国与俄国、蒙古、朝鲜等十几个国家接壤,陆地边界有 20000 公里。大陆海岸线长 18000 公里,与日本、菲律宾、印度尼西亚等国家隔海相望。

　　在中国的海域内,有 5000 多个大小岛屿,最大的是台湾和海南岛。中国全国划分为三十一个省、直辖市和自治区,北京是中国的首都。

　　中国是世界上人口最多的国家,全国人口约 12 亿,占世界人口的五分之一。中国是一个统一的多民族国家,有汉族、蒙古族、回族、藏族、维吾尔族等五十六个民族,其中汉族人口约占百分之九十四,少数民族主要分布在西北、西南和东北地区。

中国的地势西高东低。世界最高的山喜玛拉雅山在中国的最西边。中国的地势形成三级阶梯,西部是青藏高原,地势最高,自西向东下降为一些高原和盆地,东部是丘陵和平原,地势最低。

中国有很多河流,其中长江和黄河最长,黄河全长5500公里,长江全长6300公里,是世界上第三大河,仅次于尼罗河与亚马逊河。中国的气候复杂多样,大部分属于温带和亚热带,最南部属于热带。东部沿海,温湿多雨,西北内陆,气候干燥,青藏高原比较寒冷。

中国自然资源丰富,煤、铁、铜、铅、锌等主要矿产储量都居世界前列。天然森林占全国面积的百分之十,占世界第六位。耕地面积占世界第四位。

生词表　New Words

地理	(名)	dìlǐ	geography
讲座	(名)	jiǎngzuò	lecture
位于	(动)	wèiyú	to be situated
亚洲	(专名)	Yàzhōu	Asia
东部	(名)	dōngbù	east part
太平洋	(专名)	Tàipíngyáng	Pacific (Ocean)
西岸	(名)	xī'àn	west coast
公里	(量)	gōnglǐ	kilometre
陆地	(名)	lùdì	land
平方公里	(量)	píngfāng gōnglǐ	square kilometre
俄国	(专名)	Éguó	Russia
蒙古	(专名)	Měnggǔ	Mongolia
朝鲜	(专名)	Cháoxiǎn	Korea
接壤	(动)	jiērǎng	to border on
边界	(名)	biānjiè	boundary
大陆	(名)	dàlù	continent
海岸线	(名)	hǎi'ànxiàn	coastline
菲律宾	(专名)	Fēilǜbīn	the Philippines

印度尼西亚	(专名)	Yìndùníxīyà	Indonesia
隔海相望		géhǎi xiāngwàng	to face one another across the sea
海域	(名)	hǎiyù	sea area
岛屿	(名)	dǎoyǔ	islands and islets
台湾	(专名)	Táiwān	Taiwan Province
海南岛	(专名)	Hǎinán Dǎo	Hainan Island
全国	(名)	quánguó	the whole country
划分	(动)	huàfēn	to divide
省	(名)	shěng	province
直辖市	(名)	zhíxiáshì	municipality directly under the Central Government
自治区	(名)	zìzhìqū	autonomous region
多民族		duō mínzú	multinationality
汉族	(专名)	Hànzú	the Han nationality
蒙古族	(专名)	Měnggǔzú	the Monggol nationality
回族	(专名)	Huízú	the Hui nationality
藏族	(专名)	Zàngzú	the Tibetan nationality
维吾尔族	(专名)	Wéiwú'ěrzú	the Uygur nationality
少数民族	(名)	shǎoshùmínzú	national minority
分布	(动)	fēnbù	to be distributed
地势	(名)	dìshì	terrain
低	(形、动)	dī	low, to lower
喜玛拉雅山	(专名)	Xǐmǎlāyǎ Shān	the Himalayas
形成	(动)	xíngchéng	to form
级	(名)	jí	flight
阶梯	(名)	jiētī	stairs, steps
西部	(名)	xībù	the west part
青藏	(专名)	Qīng Zàng	Qinghai and Tibet
高原	(名)	gāoyuán	plateau
自	(介)	zì	from
盆地	(名)	péndì	basin
丘陵	(名)	qiūlíng	hills

平原	(名)	píngyuán	plain
河流	(名)	héliú	river
全长		quáncháng	total length
世界上		shìjiè shang	in the world
河	(名)	hé	river
仅次于		jǐn cì yú	next to
尼罗河	(专名)	Níluó Hé	the Nile
亚马逊河	(专名)	Yàmǎxùn Hé	the Amazon
气候	(名)	qìhòu	climate
复杂多样		fùzá duōyàng	complex and diverse
大部分		dàbùfen	most
属于	(动)	shǔyú	to belong to
温带	(名)	wēndài	temperate zone
亚热带	(名)	yà rèdài	subtropical zone
南部	(名)	nánbù	the south
热带	(名)	rèdài	torrid zone
沿海	(名)	yánhǎi	along the coast
温湿	(形)	wēnshī	warm and humid
多雨	(形)	duōyǔ	rainy
内陆	(名)	nèilù	inland
干燥	(形)	gānzào	dry, arid
寒冷	(形)	hánlěng	cold
丰富	(形)	fēngfù	rich
煤	(名)	méi	coal
铁	(名)	tiě	iron
铜	(名)	tóng	copper
铅	(名)	qiān	lead
锌	(名)	xīn	zinc
矿产	(名)	kuàngchǎn	minerals
储量	(名)	chǔliàng	reserves
居	(动)	jū	to occupy
前列	(名)	qiánliè	first place
天然	(形)	tiānrán	natural

森林	（名）	sēnlín	forest

注　释　Notes to the Text

1. 中国位于亚洲东部

（某物的）位置在（某处），意思相当于"某物在某处"，"位于"的使用范围较窄，一般用于比较大的物体在比较大的范围里的位置，"位于"是书面语。如：

"位于" is the equivalent of English "locate". It is only used to describe a place in a geographical sense in written Chinese, e.g.,

①中国位于亚洲的东部。

②欧洲位于西半球。

在口语里，一般不用"位于"，所以我们不说：

Generally speaking "位于" is not used in spoken Chinese. Therefore it is not right to say:

＊　那本书位于桌子上。

2. 居世界第三位

"居……第……位"表示名次排在第几，"居"后可以加上表示范围的名词。"居世界第三位"就是"世界第三"的意思。"居"也可以说成"占"，意思一样。如：

"居……第……位" is often used to indicate the places of things compared or winners. "居" may be followed by a noun of limits, or replaced by "占". "居世界第三" is "the third place in the world", e.g.,

①中国的人口居(占)世界第一位。

②新疆的面积居(占)中国第一位。

③中国的森林面积占世界第六位。

3. 西北、西南、东北

西北,西和北之间的方向;西南,西和南之间的方向;东北,东和北之间的方向;东南,东和南之间的方向。

"西北" is "northwest", "西南" is "southwest", "东北" is "northeast", and "东南" is "southeast".

4. 自西向东

自,从;向,往。"自西向东"的意思是"从西往东"。

"自" means "from", and "向" is "towards". "自西向东" means "from the west to the east".

词语例解 Word Study

1. 约

大约,用法和上一课的"大约"一样。如:

It is same as "大约", meaning "about", e.g.,

①面积约 960 万平方公里。

②面积大约 960 万平方公里。

2. 其中

"其中"的意思是"那里面",也是说明范围的词。如:

It means "of which", or "among them", e.g.,

①我们班有 40 人,其中 20 人是女生。

②我们单位有 200 多人,其中一半上过大学。

③世界上有很多大河,中国的长江是其中之一。

3. 属于

动词,表示归某一方面或为某方所有。如:

It is a verb, meaning "belong to", e.g.,

①这种动物属于犬科。(和狗是一类)

②这件东西属于我。(这件东西是我的、不是别人的。)

③这属于语言方面的问题。(这个问题归语言学解答。)

4. 占百分之……

"占",动词,意思是属于某一种情形,"中国人占世界人口的五分之一"的意思是"世界人口中有五分之一属于中国。"再如:

The verb "占" means "account for". "中国人占世界人口的五分之一" means "China's population accounts for one fifth of the total in the world". Here are some more examples:

①我们学校男生多,女生只占百分之二十。

②我们这里不识字的人很少,只占百分之一。

语　法　Grammar

1. 在……内

这是一个表示范围的短语,类似的形式有:"……内"、"……里"、"在……里"、"在……中"、"……中",如:

The above phrase indicates scope. The similar forms are: "……内", "……里", "在……里", "在……中"and"……中", e.g.,

①在中国的海域内,有5000多个大小岛屿。

②现在世界范围内的能源危机非常严重。

③在这个工厂里,有很多先进的设备。

④单位里,我听领导的,家里,我听老婆的。

⑤工作中遇到困难是正常现象。

2. 仅次于

"仅",副词,意思是"只";"次",形容词,意思是"差"、"不如";"于",介词,表示比较。A 仅次于 B,意思是"A 只比 B 差,(但比其他的都强)。"如:

The adverb "仅" means "only". The adjective "次" means "next to". The preposition "于" is used for a comparison. "A 仅次于 B" means "A is next to B" (but better than any others), e.g.,

①长江仅次于尼罗河和亚马逊河,是世界第三大河。

②他年龄最大,我仅次于他。(我第二。)

③黄河是中国的第二大河,长度仅次于长江。

练 习

一、熟读下列词组:

1. 居世界前列　　居第三位　　居首位　　居优势
   居主动地位　　居领导地位

2. 占五分之一　　占百分之九十四　　占多数
   占第一位　　占一半　　占多一半　　占少一半
   占大部分　　占少部分

3. 地理情况　　地理课　　地理位置　　地理条件　　地理学
   研究地理　　中国地理　　世界地理

4. 在中国的海域内　　在世界范围内　　在校内　　在国内
   在老师中　　在学生中

二、用指定词语完成句子:

1. 中国有五十六个民族,_____。(其中)

2. 中国有很多河流,_____。(其中)

3. 玛丽有很多好朋友,_____。(其中)

4. 中国与十几个国家接壤,_____。(其中)

5. 杰克去过中国很多地方,_____。(其中)

6. ＿＿＿＿＿＿＿＿＿，我们已经调查过了。（关于）

7. 明天下午有一个＿＿＿＿＿＿＿＿＿的讲座。（关于）

8. ＿＿＿＿＿＿＿＿＿的问题，我们下次再讨论。（关于）

9. 这是一篇＿＿＿＿＿＿＿＿＿的文章。（关于）

10. ＿＿＿＿＿＿＿＿＿的问题，朱丽叶写了一篇调查报告。（关于）

11. 中国的人口＿＿＿＿＿＿＿＿＿五分之一。（占）

12. 汉族人口＿＿＿＿＿＿＿＿＿百分之九十四。（占）

13. 我有很多书，中文书＿＿＿＿＿＿＿＿＿。（占）

14. 中国的天然森林＿＿＿＿＿＿＿＿＿。（占）

15. 中国的耕地面积＿＿＿＿＿＿＿＿＿。（占）

16. 我们班有 10 个学生，女同学＿＿＿＿＿＿＿＿＿。（占）

三、用"属于"和下列词组造句：

例：问题　　学习方法

你的问题属于学习方法问题。

1. 中国　　　　　国家

2. 印度尼西亚　　气候

3. 台湾　　　　　中国

4. 东西　　　　　学校

5. 历史　　　　　古代历史

6. 未来　　　　　青年人

7. 地方　　　　　北京地区

8. 学生　　　　　管

9. 夫妻关系　　　家庭内

10. 国家与国家　　国际关系

四、用"仅次于"改写下列句子：

1. 这次考试我是全班第二名，只比玛丽差一点儿。

2. 我们班他年龄最小，我只比他大一点儿。

3. 这次比赛他的成绩只比第一名差 0.5 分，得了个亚军。

4. 黄河只比长江短，是中国的第二大河。

5. 长江比尼罗河和亚马逊河短，是世界第三大河。

6. 他在我们班最高，我只比他矮一点儿。

五、将下列词语按照汉语的词序组成句子：

　　1.食品　有　一个　健康　与　今天　的　下午　关于　讲座

　　2.占　中国　的　五分之一　人口　世界　人口

　　3.这个　相当　价钱　好　牌子　的　衣服　相当　但是　贵　也

　　4.海南岛　台湾岛　第二　是　大岛　中国　仅次于　的

　　5.印度　仅次于　的　中国　人口

　　6.面积　居　陆地　中国　仅次于　的　加拿大　世界　和　俄国　第三位

　　7.班　十二　我们　其中　有　个　六　女　个　学生　有　学生

　　8.有　本　很多　我　其中　这　的　是　一本　小说

　　9.公园　北京　不少　有　最　其中　漂亮　颐和园

　　10.中餐　种　吃　我　很多　过　北京烤鸭　其中　我　喜欢　最

六、根据课文内容判断下列句子的意思是否正确：

　　1.朱丽叶和玛丽对中国地理了解得很具体。（　　　）

　　2.中国的面积是世界第一。（　　　）

　　3.中国是世界上人口最多的国家之一。（　　　）

　　4.喜玛拉雅山在中国的南边。（　　　）

　　5.中国的地势是西高东低。（　　　）

　　6.中国只有两条大河。（　　　）

　　7.中国东部沿海湿润多雨，内陆气候干燥少雨。（　　　）

　　8.中国的自然资源很丰富，天然森林面积占世界第六位；耕地面积占世界第四位。（　　　）

七、讨论题：

　　1.请介绍一下中国的地理情况。

　　2.除了课文介绍的内容，你还知道哪些中国的地理情况。

　　3.介绍一下你们国家的地理情况。

阅读课文　Reading Text

"北京人"

　　北京是中国的首都,是中国政治、文化的中心。北京地区也是古人类生活的地区之一。

　　1929 年,考古学家们在北京西南的周口店发现了"北京人"的头骨化石,后来又经过多次发掘,找到了很多资料,这些资料说明,六十九万年前,在这里生活的人已经进入了旧石器时代。

　　1933 年,考古学家又在这里发现了"山顶洞人","山顶洞人"生活的时期大约离现在有两万多年。1973 年,仍然是在北京的周口店,考古学家又发现了二十万年前的古人类留下的东西,这种古人被称为"新洞人"。

　　北京人、新洞人、山顶洞人生活的时代,在人类文化史上分别属于旧石器时代的初、中、晚三个时期。他们用的工具都是用石头制造的。他们把石头做成刀、斧等工具。用这些石头制造的工具,人们可以砍树、打猎、切肉,也可用来挖吃的东西。"山顶洞人"制造的石头工具比

"新洞人"先进多了。在"山顶洞人"住过的地方，人们还发现了用骨头做的针，可以用来缝衣服。考古学家还告诉我们，"山顶洞人"不仅会制造工具和用工具，而且还能做出许多装饰品，他们把动物的牙齿和鱼骨头等用绳子穿起来，挂在头上，就好像我们今天的人戴项链一样。

　　用火，是人类的一个非常重要的发明。火可以照明、防寒，还可以把吃的东西烤熟，熟的东西对人类的身体很有好处。"北京人"只能使用雷电引起的天然火，他们把火种保存下来，每天用它来做饭。到了"山顶洞人"的时代，人们已经会自己点火了。"山顶洞人"的身体和现代的人已经没有什么不同，他们有相当发达的智力。

　　1966年4月，北京地区又发现了一万年前的"东胡林人"。"东胡林人"已经从山上下来，到了河边，在河边建筑房子，开始生产。他们不再主要靠打猎生活，他们用木头和石头制造工具，组成一个一个部落，进行生产。他们把树砍倒，一边种粮食，一边养活家畜，又会纺织，又会制作陶器。和"东胡林人"生活在一个时期的古代人类，分布在北京的很多地方，在北京西部、东部、北部、南部都发现过各种石头工具，这说明，一万多年前的北京，已经有很多古代人生活了。

阅读课文生词表　Vocabulary for the Reading Text

周口店	（专名）	Zhōukǒudiàn	(name of a place)
头骨	（名）	tóugǔ	skull
发掘	（动）	fājué	to excavate
资料	（名）	zīliào	data, material
旧石器时代	（名）	Jiùshíqì Shídài	the Old Stone Age
考古学家	（名）	kǎogǔxuéjiā	archaeologist
山顶洞人	（专名）	Shāndǐngdòngrén	Upper Cave Man
新洞人	（专名）	Xīndòngrén	New Cave Man
石头	（名）	shítou	stone
斧	（名）	fǔ	axe
砍	（动）	kǎn	to fell, to cut down
打猎		dǎ liè	to hunt
切	（动）	qiē	to cut
挖	（动）	wā	to dig

先进	（形）	xiānjìn	advanced
骨头	（名）	gǔtou	bone
针	（名）	zhēn	needle
缝	（动）	féng	to stitch, to sew
装饰品	（名）	zhuāngshìpǐn	ornament
绳子	（名）	shéngzi	rope
穿	（动）	chuān	to string
项链	（名）	xiàngliàn	necklace
火	（名）	huǒ	fire
照明	（动）	zhàomíng	to light
寒	（形）	hán	cold
雷电	（名）	léidiàn	thunder and lightning
火种	（名）	huǒzhǒng	live cinder, tinder
保存	（动）	bǎocún	to preserve, to keep
点火		diǎn huǒ	to light a fire
东胡林人	（专名）	Dōnghúlín rén	(name of persons)
边	（名）	biān	side
组成	（动）	zǔchéng	to organize
家畜	（名）	jiāchù	domestic animal
纺织	（动）	fǎngzhī	to spin and weave
陶器	（名）	táoqì	chinaware

阅读练习　Exercises for the Reading Text

一、根据课文选择唯一恰当的答案

Among the given optional answers, select the one that is closest in meaning to the reading text.

1. "北京人"大概生活在多少年以前？

　A　一万多年以前

　B　两万多年以前

　C　七十多万年以前

　D　六十多万年以前

2. 考古学家发现的用骨头做的针是：

A　"北京人"用的

B　"新洞人"用的

C　"山顶洞人"用的

D　"东胡林人"用的

3."北京人"、"新洞人"和"山顶洞人"都能：

A　自己点火做饭

B　做出各种装饰品

C　用石头制造工具

D　用动物牙齿做东西

4."东胡林人"的最大特点是：

A　主要靠打猎生活

B　组成部落进行生产

C　不再使用石头工具

D　分布在北京很多地方

5.考古学家在北京地区最晚发现的古人类是：

A　"新洞人"

B　"北京人"

C　"山顶洞人"

D　"东胡林人"

二、想一想,说一说 Think and Answer

1."山顶洞人"在人类文化史上属于哪个时期,他们有什么特点？

2."北京人"和"山顶洞人"都是怎样用火的？

3."东胡林人"是什么时候发现的？ 他们与北京其他古人类有什么不同？

第四十七课　Lesson 47

关于中国人由来的传说

　　这一天晚上没事,朱丽叶和杰克谈起了天地万物和人类的起源问题。

　　"按照我们西方人的传说,"朱丽叶说。"天地万物和人都是上帝创造的,这些传说都写在《圣经》里。那么中国人是不是也相信《圣经》上的说法呢?"

　　"不,"杰克说。"中国是一个有悠久历史的国家,关于天地万物的由来,中国人有自己的神话传说。"

　　"这些神话你都知道吗?"

　　"多少知道一点儿。"

　　"那你给我讲讲。"

"好吧，"杰克开始给朱丽叶讲起关于中国的神话。

中国人认为，最初天和地是不分的，那个世界叫"混沌"，所谓混沌就像是一个鸡蛋。后来这个鸡蛋里长出一个人来，名叫盘古。盘古在这个鸡蛋里一天变化九次，越长越高。他一天长高一丈，就把天顶起来了。从此，天每天增高一丈，地每天增厚一丈。就这样，盘古一直长了一万八千年，把天和地分开了，天和地之间的距离有九万里。

天地分开之后，盘古就一直站在天地之间，头顶着天，脚踩着地，免得天地再合到一块。由于老得这么顶着，盘古终于给累死了。他死以后，他的气息变成了风和云，眼睛变成太阳和月亮，四肢变成山脉，血液变成河流。

"这样看来，"朱丽叶说，"和上帝比起来，盘古倒是一个更有悲剧色彩的英雄。"

"据现代学者考证，盘古其实就是葫芦。"

"葫芦？"

"是的。是葫芦。葫芦是中国先民的图腾，汉族、彝族、白族等近二十个民族都有自己的祖先出自葫芦的传说。"

"那么中国人就都是从葫芦里生出来的了？"

"并不完全如此，中国还有一个关于造人的传说。"

自从盘古开天地，日、月、山、河都有了，就是还没有人。传说有一位女神，叫女娲。为了让这世界更有生气，她决定开始造人。女娲把黄土和成泥，然后把黄泥捏成一个一个的泥人。这些泥人一落地就活了。可是世界上需要的人很多，这么一个一个地捏，得捏到什么时候？于是女娲改进了工作方法。她手拿一根粗绳子，先把绳子放到和好的黄泥里，然后拉出绳子，向四周甩，一下儿就甩出很多泥点儿，这些泥点儿落地后马上就变成了人。

"这下儿效率一定提高了不少。"

"效率是大大地提高了，可质量却下降了。"

"为什么？"

"开始时用心捏成的人都是富有的人，用泥点子甩出来的都是贫穷的人，所以人就有了贫、富的区别。但不管是贫是富，因为都是用黄泥做的，所以中国人的皮肤都是黄颜色的，中国人成了黄种人。"

生词表 New Words

万物	(名)	wànwù	all things
由来	(名)	yóulái	origin
起	(动)	qǐ	to begin
天地万物	(名)	tiāndì wànwù	all things on earth
起源	(动、名)	qǐyuán	to originate
西方人	(名)	xīfāngrén	westerner
天地	(名)	tiāndì	heaven and earth
上帝	(名)	Shàngdì	God
圣经	(专名)	Shèngjīng	Bible
说法	(名)	shuōfǎ	version
神话	(名)	shénhuà	myth, fairy tale
讲	(动)	jiǎng	to say, to talk
最初	(名)	zuìchū	very beginning
地	(名)	dì	earth
混沌	(名)	hùndùn	Chaos
所谓	(形)	suǒwèi	so called
名叫	(动)	míngjiào	to be called
盘古	(专名)	Pángǔ	(name of a mythical figure)
丈	(量)	zhàng	(a measure word for length)
顶	(名)	dǐng	to lift
增高	(动)	zēnggāo	to grow higher
增厚	(动)	zēnghòu	to grow thicker
分开	(动)	fēnkāi	to separate
距离	(名)	jùlí	distance
踩	(动)	cǎi	to trample
免得	(连)	miǎnde	so as to avoid
合	(动)	hé	to join
气息	(名)	qìxī	breath
变成	(动)	biànchéng	to become
云	(名)	yún	cloud

太阳	（名）	tàiyáng	the sun
月亮	（名）	yuèliang	the moon
四肢	（名）	sìzhī	the four limbs
山脉	（名）	shānmài	mountain range
血液	（名）	xuèyè	blood
倒是		dàoshi	but
悲剧	（名）	bēijù	tragedy
色彩	（名）	sècǎi	colour, flavour
英雄	（名）	yīngxióng	hero, heroine
据	（动）	jù	according to
学者	（名）	xuézhě	scholar
考证	（动）	kǎozhèng	textual research
其实	（副）	qíshí	actually
葫芦	（名）	húlu	bottle gourd
先民	（名）	xiānmín	ancient people
图腾	（名）	túténg	totem
彝族	（专名）	Yízú	the Yi nationality
白族	（专名）	Báizú	the Bai nationality
出自	（动）	chūzì	to come from
生	（动）	shēng	to be born
并不		bìngbù	not at all
如此	（代）	rúcǐ	so
造	（动）	zào	to make
自从	（介）	zìcóng	since
日	（名）	rì	the sun
女神	（名）	nǚshén	goddess
女娲	（专名）	Nǚwā	(name of a legendary figure)
生气	（名）	shēngqì	vitality
决定	（动、名）	juédìng	to decide, decision
黄土	（名）	huángtǔ	loess
和	（动）	huò	to mix
泥	（名）	ní	clay
捏	（动）	niē	to mould

落地		luò dì	to fall to the ground
活	(动)	huó	to become alive
改进	(动)	gǎijìn	to improve
根	(量)	gēn	(a measure word)
粗	(形)	cū	thick
绳子	(名)	shéngzi	rope
拉	(动)	lā	to pull
四周	(名)	sìzhōu	all around
甩	(动)	shuǎi	to throw
泥点儿	(名)	nídiǎnr	drop of mud
效率	(名)	xiàolǜ	efficiency
大大	(副)	dàdà	greatly
用心		yòng xīn	with concentrated attention
富有	(形)	fùyǒu	wealthy
贫穷	(形)	pínqióng	impoverished
贫	(形)	pín	poor
富	(形)	fù	rich
区别	(名、动)	qūbié	difference, to distinguish
不管	(连)	bùguǎn	regardless of
皮肤	(名)	pífū	skin
黄种人	(名)	huángzhǒngrén	yellow race

注　释　Notes to the Text

1. 所谓混沌就像一个鸡蛋

　　"所谓"就是所说的,后面跟着的是进一步的解释,如:

　　"所谓", meaning "so called", is often followed by a further explanation, e.g.,

　　①世界是很大的,所谓世界,就是指地球。

　　②所谓文字,其实就是一些符号。

　　③所谓交通工具,就是汽车、轮船等。

2. 和上帝比起来

　　"起来"的一个引申意义是,估计或着眼于某一方面的意思。这里的意思是,"如果拿上帝和盘古比较的话"。

When used in an extended way, one of the meanings of "起来" is "judgement" or "view from the angle of ". "和上帝比起来" means "If God is to be compared with Pangu".

3. 从此,天每天增高一丈

"从此",从这个时候起。此,指盘古出生的时候。本句的意思是,从盘古出生后,天就每天增高一丈。

"从此" means "since then". "此" refers to the time when Pangu was born. The whole sentence means: Since the birth of Pangu the sky goes up ten chi higher every day.

4. 免得天地再合到一块

免得,表示避免发生某种不希望的情况,多用在后一个小句里。这句话的意思是为了不让天和地再合到一块。

"免得" means "so as to avoid", often used in the following minor sentence. This sentence means "so as to avoid the joining of the sky to the earth"

5. 他的气息变成了云

"变成"一种东西经过变化成为另一种东西;成为。

"变成" means "turn into".

词语例解　Word Study

1. 多少　(副词, adverb)

副词"多少"可以表示"或多或少"的意思。"多少知道一点儿"是说"或多或少知道一些"。再如:

The adverb "多少" here means "more or less". "多少知道一点儿" means "know something, but not everything, about it". The following are similar sentences:

①英语我多少会点儿。

②生病了,也得吃饭,吃不下,多少也要吃点儿。

③既然来参加会,就得多少说两句。

2. 老　(副词, adverb)

副词"老"表示时间长,动作或状态持续了很长时间,如:

The adverb "老" indicates a long time, e.g.,

①他最近很忙吧? 我老没见他了。

②老跑这么快,还不累死?

③老穿一件衣服多没意思。

④老在家里呆着,外边的事什么也不知道。

3. 一个一个

表示事物的状态或动作的方式。"把黄泥捏成一个一个的泥人",是说泥人都是独立的个体;"这么一个一个地捏",是说造人的方式是造完一个再造一个,不是一下子造很多个。再如:

The phrase "一个一个" is used to indicate the state that something is in, or the way that an action takes place. "把黄泥捏成一个一个的泥人" means that the clay has been shaped into one figure after another. "这么一个一个地捏"means that clay figures are made one by one. Here are some more examples:

①饭要一口一口地吃。(不能一口吃完一顿饭。)

②汉字只能一个一个地写。(不可能一下子写好几个字。)

③事情虽然很多,但也得一件一件地办。

④你去一家一家地通知,把人都叫来。

4. 不管　(连词, conjunction)

用在有疑问代词或并列短语的句子里,后边有"都""也"等呼应,表示在任何条件下结果都不会改变。如:

It is used in a sentence with an interrogative pronoun or coordinating phrases, and has "都" or "也" in the following part, to indicate that the result would be the same under any circumstances, e.g.,

①不管是你去还是我去,问题都解决不了。

②不管谁去,问题也解决不了。

③不管骑车还是坐车,反正都得迟到。

5. 其实

表示所说的情况是真实的,和上一句有转折关系,即上一句说的并不那么真实。用在动词或主语前。如:

It means "in fact", used as an adversative before the verb or the subject. E.g..

①你看我岁数不小吧? 其实我才十八岁。

②这个饭馆里有一道菜,叫蚂蚁上树,其实就是肉末炒粉丝。

③这个问题看上去难,其实并不难。

④什么沙拉子呀,其实不就是凉拌土豆吗?

语　　法　Grammar

1. "把" + 动词 + "成"

这是"把"字句的一种用法,格式是:

It shows how a "把" sentence is formed. The general order is :

"把" + 名词1 + 动词 + "成" + 名词2

把 + Noun1 + Verb + 成 + Noun2

在这个格式中,名词1是原料,名词2是成品,格式的意思是,动词表示的动作使名词1变成了名词2 。如:

In the pattern noun1 is the material whereas noun2 is the product. So noun1 is made from noun2, e.g.,

①把黄土和成泥。(黄土变成泥。)

②把黄泥捏成泥人。(黄泥变成泥人。)

③请同学们把这个句子翻译成英文。

④厨师把萝卜切成了萝卜丝。

2 . 先……然后……

这个格式表示两件事或两件以上的事按先后的次序发生。如:

The above pattern can be used to indicate that two or more than two things happen one after another, e.g.,

①学外语要先听,然后再说。

②先做好准备,然后再开始工作。

③先想好内容,写一个提纲,然后再写文章。

④先把文章修改好,然后再打印出来,送报社。

练 习

一、熟读下列词语:

1 . 工作效率　　生产效率　　劳动效率　　学习效率
　　干活儿效率　　提高……效率

2 . 气温下降　　质量下降　　飞机下降　　学习下降
　　水平下降　　水位下降

3 . 变化很大　　变化不大　　多种多样的变化　　有变化
　　没有变化　　发生变化　　变化九次

4 . 需要人　　需要服务员　　需要售票员
　　需要干部　　需要时间　　需要休息
　　需要钱　　需要健康　　需要调查
　　需要整理　　需要收拾　　需要给谁打电话
　　需要把病人送到医院　　　　不需要

二、选择"变成、变化、变、改变"填入下列句中:

1 . 爸爸、妈妈已经＿＿＿＿＿＿老了。

2．几年不见，这个孩子都 _____ 大人了。

3．北京这几年发生了很大的 _____。

4．杰克觉得中国的 _____ 很大。

5．我想把房间 _____ 个样儿。

6．他本来想去上海旅行，后来 _____ 了计划，去西安了。

7．父母觉得孩子上中学以后开始 _____ 了。

8．我以前不胖，从坐办公室以后 _____ 胖了。

9．这种食品已经 _____ 质了，不能吃了。

10．前几天天气不错，这几天又 _____ 冷了。

11．几天不见，你怎么 _____ 这个样子了？

12．他的 _____ 真大，_____ 得我都不认识了。

13．你的女儿越 _____ 越漂亮。

14．这件衣服原来很合适，洗以后就 _____ 小了。

15．现在社会发展得很快，因此我们的计划需要 _____。

三、用指定词语完成句子：

1．看样子他像中国人，_____ 。（其实）

2．他现在虽然在经商，_____ 。（其实）

3．她看起来年龄并不大，_____ 。（其实）

4．《走进孩子的世界》这篇文章写得相当不错，我想大概是记者写的，_____ 。（其实）

5．_____ ，他都非常认真。（不管）

6．_____ ，我都愿意帮助。（不管）

7．_____ ，都要让孩子敢于面对。（不管）

8．这个孩子身体特别不好，_____ 。（老）

9．上课的时候，他 _____ ，只好向同学借。（老）

10．我对中国的地理情况，_____ 。（多少）

11．你不饿，也得 _____ 。（多少）

12．对中国的人口问题不能说完全不知道，也 _____ 。（多少）

四、用指定词语与下列词组造句：

1．把……（动词）＋成……

例:三木　　　中国人
　　　服务员把三木看成中国人了。
① 小说　　　电影
② 杰克　　　学生
③ 这个地方　花园
④ 小面团　　面人

2. 先……然后(再)……
　　例:念课文　写汉字
　　　我先念课文,然后再写汉字。
① 复习　　　做作业
② 口试　　　笔试
③ 调查　　　讨论
④ 取钱　　　进城
⑤ 洗澡　　　看电视

五、在下列句中填上适当的量词:
　1. 你要一(　　　)一(　　　)地给他们打电话,通知他们。
　2. 检查身体时,一(　　　)一(　　　)地进去检查。
　3. 问题要一(　　　)一(　　　)地解决,不要着急。
　4. 饭要一(　　　)一(　　　)地吃,衣服要一(　　　)一(　　　)地穿。
　5. 钱要一(　　　)一(　　　)地数。
　6. 你别急,事情得一(　　　)一(　　　)地办。
　7. 刚学习汉字时,我们一(　　　)一(　　　)地写,现在写得比以前快多了。
　8. 这么多信,你一(　　　)一(　　　)地看吧。

六、根据课文内容判断下列句子的意思是否正确:
　1. 西方人认为天地万物和人都是上帝创造的。(　　　)
　2. 中国人也相信《圣经》上的说法。(　　　)
　3. 中国人关于天地万物由来的神话传说杰克知道得很多。(　　　)
　4. 盘古是从混沌里出来的葫芦。(　　　)
　5. 盘古最后年龄大了,老死了。(　　　)

93

6. 根据神话传说,中国人都是从葫芦里生出来的。(　　)

7. 中国人是黄泥捏成的。(　　)

七、讨论题:

1. 天地万物和人是怎么来的? 你们国家有没有关于这个内容的神话传说?

2. 风和云是怎么来的? 太阳和月亮是怎么来的?

3. 人是怎么来的?

阅读课文　Reading Text

汉字的起源和发展变化

关于汉字的起源,一直有不同的说法。

一是"结绳说"。最初,人类还没有文字,就用绳子打结来帮助记事儿,据说,记大事儿就打大结,记小事儿就打小结。结绳差不多是一切原始民族普遍用的一种记事方法。一直到今天,中国西南部有的少数民族和世界其他一些地方还用这种方法。结绳虽然能帮助记事儿,却不能像文字那样可以表示有声音的语言,而且也没有社会性,因此结绳

94

不是文字,也不可能发展成文字。

二是"八卦说"。八卦是中国古代《易经》里的八种基本图形,这八种基本图形象征天、地、雷、风、水、火、山、泽等八种自然现象。汉字起源的"八卦说"认为汉字是从八卦变化来的。其实,八卦的产生比甲骨文要晚得多。

三是"仓颉造字说"。传说,仓颉是黄帝的史官,他创造了汉字。实际上,仓颉只是一个传说中的人,历史上是不是真的有这么一个人,学者们的看法也不太一样。就是真的有这个人,也不能认为汉字是他创造的,因为文字有社会性,不可能只靠一个人造,仓颉可能只是做了整理文字的工作。

那么,汉字究竟是怎么产生的呢?我们说,汉字的起源是图画。图画虽然有时候也可以用来交流思想,但是图画的表现方法却是很不丰富的,还不是一种真正的交际工具。随着社会的发展,社会交际越来越多而且越来越复杂,主要用来记事儿的图画已经不能满足人们的需要了,于是,人们渐渐地把记事图画进行简化、整理和充实,使它成为语言的符号,而且有了读这种符号的人,这样,文字就产生了。

在西安半坡遗址发掘出来的彩陶,上面常常有一些很像文字的符号,被认为是中国文字的起源。半坡遗址离现在已经有六千年左右的时间。

1899年,在河南省的一个地方,发掘出来很多动物的骨头,上面刻着文字。经过考证,发现这些东西的地点正好是古代殷代的首都,这些文字是殷代的,也就是公元前1300多年到1101年期间的东西。这些甲骨文可以说是保存比较好的最早的汉字。

在汉字发展的历史中,一直存在着简化和繁化两种现象,而且简化是主要的。例如"云"字,甲骨文里写成"云",到了汉代繁化成"雲",现在又简化成了"云"。

与音节文字(如日本的假名)和音素文字(如斯拉夫字母)不同,汉字是表意(表示意义)的文字。汉字最初的象形性不能满足表示各种具体的事情和东西的需要,特别是不能满足表示一些抽象的东西的需要,于是,图画文字就渐渐地向形声字发展。在甲骨文里,形声字占20%,到了汉朝,形声字已经有80%,而现在我们用的简化字中,形声字占到了90%以上。这说明,汉字正在慢慢向表音(表示声音)的方向发展。

汉字是历史最悠久的文字之一,世界上其他古老的文字(如埃及的圣书字)都已经没有人再用了，从古代到今天一直用作书面语形式的文字，只有汉字了。汉字不仅是中国文化的象征，也是世界文明的象征。

阅读课文生词表　Vocabulary for the Reading Text

结绳		jié shéng	to tie a knot with a rope
……说		shuō	a theory of...
打结		dǎ jié	to tie a knot
结	（动）	jié	to tie
社会性	（名）	shèhuìxìng	sociality
八卦	（专名）	Bāguà	the Eight Diagrams
易经	（专名）	Yìjīng	The Book of Changes
图形	（名）	túxíng	graph, figure
象征	（动、名）	xiàngzhēng	to symbolize, symbol
雷	（名）	léi	thunder
泽	（名）	zé	swamp, marsh
现象	（名）	xiànxiàng	phenomenon
仓颉	（专名）	Cāngjié	name of a person
史官	（名）	shǐguān	official historian
图画	（名）	túhuà	picture
表现	（动、名）	biǎoxiàn	to express
交际	（名、动）	jiāojì	communication
满足	（动）	mǎnzú	to satisfy
简化	（动）	jiǎnhuà	to simplify
充实	（形、动）	chōngshí	substantial
符号	（名）	fúhào	symbol, mark
彩陶	（名）	cǎitáo	painted pottery
河南省	（专名）	Hénán Shěng	Henan Province
刻	（动）	kè	to carve
殷代	（专名）	Yīn Dài	the Yin Dynasty
繁华	（形）	fánhuá	prosperous
音节	（名）	yīnjié	syllable

假名	（名）	jiǎmíng	kana
音素	（名）	yīnsù	phoneme
斯拉夫	（专名）	Sīlāfū	Slav
字母	（名）	zìmǔ	letter
……性	（尾）	xìng	(a suffix)
抽象	（形）	chōuxiàng	abstract
形声字	（名）	xíngshēngzì	pictophonetic characters
方向	（名）	fāngxiàng	direction
埃及	（专名）	Āijí	Egypt
圣书字	（专名）	Shèngshūzì	holy scripts
书面语	（名）	shūmiànyǔ	written language
形式	（名）	xíngshì	form

阅读练习 Exercises for the Reading Text

一、根据课文选择唯一恰当的答案

among the given optional answers, select the one that is closest in meaning to the reading text.

1. 作者认为,用结绳来帮助记事儿的方法:

   A 发展成了文字

   B 现在仍有人用

   C 比文字出现晚

   D 也有着社会性

2. 作者认为,仓颉:

   A 是汉字的创造者

   B 是历史上的真人

   C 只是整理文字的人

   D 不是黄帝时代的人

3. 最初的图画有时可以交流思想,

   A 但还没成为语言的符号

   B 但并不能帮助人记事儿

C 所以能满足人们的需要

D 所以是真正的交际工具

4. 今天见到的保存得比较好的最早的汉字是：

A 刻在彩陶上面的

B 6000 多年以前的

C 公元前 1000 多年以前的

D 在西安半坡遗址发现的

5. 图画文字向形声字发展是因为：

A 人们记事儿的需要

B 表示抽象意义的需要

C 形声字更容易理解

D 形声字有更好的象形性

二、想一想,说一说 Think and Answer

1. 什么是汉字起源的"结绳说"、"八卦说"和"仓颉造字说"？

2. 汉字究竟是怎样产生的？

3. 汉字与音节文字和音素文字的最大不同是什么？

第四十八课　Lesson 48

长　城

三木由子、玛丽和杰克一起游览长城。

这一天天气很好，站在高处，可以看到很远很远的地方。三个人慢慢地向长城上攀登，一边上，一边聊天。

"长城是什么时候修建的？"玛丽问。

杰克对长城有一些了解，于是他就给两位女士讲解起来。

"说起来，长城的历史有两千多年了。早在春秋战国时期，也就是公元前六、七百年的时候，当时的中国还不是一个统一的国家。在中国这块土地上，有许多小的诸侯国，比较大的诸侯国有七个，当时这七个国家之间经常发生战争。各国为了互相防御，各自都修筑了高大的城墙，这就是最早的长城。

"到了公元前 221 年,秦始皇打败其他六个国家,统一了中国。秦始皇统一中国以后,中国经常受到北方少数民族的侵扰。为了防御北方民族对中原的侵扰,秦始皇决定把各个小国修筑的长城连起来,于是,他把成千上万的民工派到北方,为他修筑长城。用了很多年的时间,修建起一万多华里的长城。"

　　"这么说,现在我们脚下的长城都是秦始皇那时修的了?"

　　"秦始皇时修的长城叫秦长城,不过秦长城早已经没有了。中国历代都受到北方少数民族的侵扰,所以中国历代都在不断地修长城。我们今天看到的是明代修筑的长城,叫明长城。"

　　"长城究竟有多长呢?"

　　"我们现在看到的明长城,东起山海关,西到嘉峪关,全长约有六千七百公里。"

　　"那可真够长的。"

　　"中国民间还流传着一个孟姜女哭倒长城的故事。"

　　"给我们讲讲。"

　　"当年秦始皇派人去修长城。修长城是一件非常艰苦,也非常危险的活儿。有一个名叫万喜良的人,也被抓去修长城了。万喜良知道这一去可能就回不来了,于是就在去北方的路上逃跑了。

　　"他跑到一家人的后花园里,碰到了一个姑娘。这家有个姑娘叫孟姜女。孟姜女问万喜良,你是谁呀,到这儿干什么来了? 万喜良说,我是被抓去修长城的,半路偷着跑到你这儿来了。

　　"后来,孟姜女就和万喜良结了婚。可结婚没多久,万喜良又被抓去修长城了。"

　　"后来呢?"

　　"万喜良是夏天走的,冬天快到了。孟姜女想,万喜良是穿着单衣走的,冬天到了,北方多冷啊,我得给他送棉衣去,也好顺便看看他。于是孟姜女带上棉衣,走了好久,终于来到了长城。

　　"到了长城,她到处打听丈夫的消息。问了许多人,最后有人告诉她,万喜良几个月前就累死了,尸体埋在长城底下。听到这个消息,孟姜女失声痛哭。孟姜女这一哭,已经修建好的长城倒了好几百里,就这样,孟姜女终于找到了丈夫的尸骨,把丈夫的尸骨带回了家乡。"

　　"这真是一个悲惨而又动人的故事。"

　　"后人很赞赏孟姜女对爱情的忠贞,为了纪念她,人们在山海关附近修建了一座姜女庙。有时间我们可以去看看。"

　　"是应该去看看。"

生词表　New Words

高处	（名）	gāochù	higher place
慢	（形）	màn	slow
攀登	（动）	pāndēng	to climb
修建	（动）	xiūjiàn	to build
女士	（名）	nǚshì	lady
讲解	（动）	jiǎngjiě	to explain
早在		zǎozài	as early as
春秋	（专名）	Chūnqiū	the Spring and Autumn Period
战国	（专名）	Zhànguó	the Warring States Period
……的时候		……de shíhou	when
土地	（名）	tǔdì	land
诸侯国	（名）	zhūhóu guó	princes' kingdom
战争	（名）	zhànzhēng	war
国	（名）	guó	state, country
互相	（副）	hùxiāng	mutually
防御	（动）	fángyù	to defend
各自	（代）	gèzì	respective
修筑	（动）	xiūzhù	to build
城墙	（名）	chéngqiáng	wall of a town or city
侵扰	（动）	qīnrǎo	to invade and harass
中原	（名）	Zhōngyuán	Central Plains
连	（动）	lián	to connect
成千上万		chéngqiān shàngwàn	thousands upon thousands
民工	（名）	míngōng	labourer
派	（动）	pài	to send
华里	（量）	huálǐ	Chinese li
秦	（专名）	Qín	the State of Qin

历代	(名)	lìdài	successive dynasties
不断	(副)	búduàn	continuously
明代	(专名)	Míng Dài	the Ming Dynasty
究竟	(副)	jiūjìng	after all
嘉峪关	(专名)	Jiāyù Guān	Jiayuguan Pass
山海关	(专名)	Shānhǎi Guān	Shanhaiguan Pass
民间	(名)	mínjiān	folk, among people
流传	(动)	liúchuán	to circulate
孟姜女	(专名)	Mèngjiāngnǚ	(name of a woman)
故事	(名)	gùshì	story
当年	(名)	dāngnián	that year
艰苦	(形)	jiānkǔ	hard, difficult
危险	(形、名)	wēixiǎn	dangerous, danger
活儿	(名)	huór	work
万喜良	(专名)	Wàn Xǐliáng	(name of a man)
逃跑	(动)	táopǎo	to escape
后花园	(名)	hòu huāyuán	back garden
姑娘	(名)	gūniang	girl
半路	(名)	bànlù	half way
结婚		jié hūn	to mary
没多久		méi duō jiǔ	not long
单衣	(名)	dānyī	unlined garment
棉衣	(名)	miányī	cotton-padded clothes
打听	(动)	dǎting	to inquire about
消息	(名)	xiāoxi	news
尸体	(名)	shītǐ	corpse
埋	(动)	mái	to bury
底下	(名)	dǐxia	bottom
失声痛哭		shīshēng tòngkū	be choked with tears
好几……		hǎojǐ……	several
尸骨	(名)	shīgǔ	skeleton
悲惨	(形)	bēicǎn	tragic
动人	(形)	dòngrén	touching

后人	（名）	hòurén	later generations
赞赏	（动）	zànshǎng	to admire
忠贞	（形）	zhōngzhēn	loyal and steadfast
纪念	（动、名）	jìniàn	in memory of
姜女庙	（专名）	Jiāngnǚ Miào	Temple in Memory of Jiangnu

注　释　Notes to the Text

1. 说起来，长城的历史有两千多年了

"起来"在这里是着眼于某一方面的意思。这里表示"如果要计算时间的话"。

Here "起来" is used in the sense of "viewing from another angle". The above sentence means "If time is to be traced back".

2. 也就是公元前六、七百年的时候

"也就是"引出对上一句话的补充说明，上句所说的意思用另一种说法表示出来，使意思表达得更明确。再如：

"也就是", meaning "that is", is used to introduce further explanation for the previous sentence which is clearer after it is put another way, e.g.,

①紫禁城，也就是现在的故宫，是当年皇帝住的地方。

②电脑，也就是计算机，是一种用途非常广的机器。

③昨天，也就是2月1号，我看见飞碟了。

3. 修建起一万多华里的长城

华里是中国的长度单位，也说"里"，一华里等于 500 米。现在中国的法定计量单位是千米，1000 米称 1 公里。

"华里", or "里", is Chinese unit of length. One Chinese li is equal to 500 metres. Now kilometre is used as the legal Chinese unit of length. One kilometre is known as "一公里" in Chinese.

4. 结婚没多久，万喜良又被抓去修长城了

"久"，长时间。"没多久"，没过多长时间，表示两件事之间相隔的时间短。这里表示"结婚"和"被抓去"相隔的时间不长。

"久" means "long". "没多久" indicates a short time between two happenings. In this text it is used to describe not long after their marriage the husband was pressed into service.

5. 后来呢？

听故事的人询问故事结局或情节的进一步发展时常说的一句话。

The above phrase can be employed to ask about the ending or further development of a story.

6. 是应该去看看

这里的"是"表示同意、认可。说明确实应该去。

Here "是" is used to convey an agreement or confirmation. The sentence means that they ought to visit the temple one day.

词语例解 Word Study

1. 究竟

用在问句里,表示进一步询问原因。可以用在主语前,也可以用在动词或形容词前。口语里常用"到底",少用"究竟"。这两个词意思一样。如:

It often appears in a question for further inquiry. It may go before a subject , a verb or an adjective. In spoken Chinese it is often replaced by the synonym "到底", e.g.,

①长城究竟有多长? 长城到底有多长?

②你究竟是走还是不走? 你到底走不走?

③究竟问题在哪里呢? 到底问题在哪儿?

2. 到处

处处,各处,每一个地方。表示地点作状语。如:

It means "everywhere" as an adverbial of place in a sentence, e.g.,

①你上哪儿去了,我到处找你。

②北京到处都是鲜花和歌声。

③我这个人朋友多,到处都能碰到熟人。

语 法 Grammar

1. "可真够……的" + 形容词

"够"的意思是达到某种程度,整个格式表示感叹。如:

"够" means "to such an extent" for an exclamation, e.g.,

①这山可真够高的。

②这条河可真够深的。

③这道题可真够难的。

2. "多" + 形容词

这个格式用在感叹句里,表示程度高。如:

The above pattern is used in an exclamatory sentence to indicate a high degree, e.g.,

①天多热啊,你还穿棉袄。

②多晚了啊,你还不睡觉。

③你写了这么多书,多不容易啊。

3. 带上棉衣

这是趋向补语"上"的一种用法,格式是:

This is one of the ways to use the directional complement "上". The order of the sentence is:

动词 + "上" + 名词

Verb + 上 + Noun

有使某物存在或添加在某处的意思,"带上棉衣"就是带着棉衣,使棉衣成为自己的随身物品的意思。再如:

"上"implies "exist in" or "attach to". "带上棉衣" means "take the cotton padded coat with oneself". The following are some more examples:

①他戴上眼镜,看起书来。

②请你在这儿写上你的姓名。

③咱们买上两张票,一起看电影去。

4. 形 + "而又" + 形

"而又"连接两个形容词,表示两种状态同时存在。如:

"而又"is used to connect two adjectives to indicate co-existence of two qualities, e.g.,

①他是一个勇敢而又坚强的人。

②这是一个美丽而又富饶的地方。

③中华民族是一个古老而又伟大的民族。

5. 为了

介词,后接名词或动词短语,表示动作或行为的目的,"为"后也可不用"了"。如:

It is a preposition followed by a noun or a verbal phrase, to indicate the purpose of an action. "了" after "为" can be omitted, e.g.,

①我们要为四个现代化努力工作。

②为了看病,他跑了很多医院。

③为了解决这个问题,我查了大量资料。

练 习

一、熟读下列词组并用带点儿的词组造句:

1. 游览长城　　游览故宫　　游览名胜

游览了一天　　游览过桂林　　没游览过……

跟(谁)一起游览

2. 修建长城　　修建铁路　　修建(飞)机场

修建宾馆　　修建楼房　　修建饭店

开始修建

3. 修长城　　修铁路　　修机场　　修路　　修房子

修车　　修电视机　　修录音机　　修好

把……修好　　修一下儿　　修一修

二、用指定词语改写下列句子:

1. 这座山真高,咱们爬了这么长时间还没爬上去呢。(够……的)

2. 明天的展览你去不去? 快点儿决定,你要是不去,我就把票给别人了。(究竟)

3. 小贞想,如果自己辞了职在家做家务,丈夫要是变了心,那太可怕了。(多)

4. 这个外国人到底想说什么? 我听了半天也没听懂。(究竟)

5. 中国的名胜古迹什么地方最好? 请你介绍一下儿。(究竟)

6. 这篇调查报告是中国人写的还是外国人写的? (究竟)

7. 这儿的风景太美了,快拿出照相机来,咱们在这儿照张相。

(多)

8. 不管你去哪个公园,都有很多人。(到处)

9. 国庆节到了,哪儿都是鲜花。(到处)

10. 他的屋子里地上、桌子上、床上都放着书。(到处)

三、读下列词组,并将其扩展成句子:

例:穿上大衣——他吃了点东西,穿上大衣就出去了。

1. 带上水果　　　5. 戴上手表

2. 挂上地图　　　6. 放上照片

3. 种上草　　　　7. 拿上书和本子

4. 写上名字　　　8. 戴上眼镜

四、选词填空:

为了　　对　　关于

1. _____了解中国,我一定要把汉语学好。

2. _____ 交通安全问题,我们下午再讨论,上午的会就开到这里。

3. 朱丽叶的调查报告是_____ 儿童教育的。

4. 他_____ 我说:"我明天就要回国了。"

5. 他 _____ 人非常热情。

6. _____ 研究中国人口问题,玛丽看了很多文章。

7. _____ 您和他人的健康,请不要吸烟。

8. 老师_____ 学生很关心。

9. _____ 能把老人的病看好,他们夫妻俩跑了很多医院,花了不少钱。

10. 你们_____ 这个计划有什么意见,请告诉我。

五、用"而又"与下列词组造句:

例:悲惨　　动人

　　这是一个悲惨而又动人的故事。

1. 古老　　美丽　　　5. 急躁　　认真

2. 古老　　伟大　　　6. 简单　　落后

3. 艰苦　　细致　　　7. 艰苦　　危险

4. 漂亮　　贤惠　　　8. 复杂　　重要

六、根据课文内容判断下列句子的意思是否正确:

1. 长城的历史有两千年了。(　　　)

2. 现在的长城是秦始皇修的。(　　　)

3. 长城全长一万多里。(　　　)

4. 孟姜女和万喜良很早就认识。(　　　)

5. 万喜良去了两次长城。(　　　)

6. 孟姜女因为想念丈夫才去长城的。(　　　)

7. 孟姜女找到了丈夫。(　　　)

8. 万喜良是在长城上累死的。(　　　)

七、讨论题:

1. 你去过长城吗? 请谈一下游览长城的感觉。

2. 你们觉得长城与中国的关系是什么?

3. 孟姜女哭长城的故事说明了什么？

阅读课文　Reading Text

故　宫

　　故宫，又叫紫禁城，是明清两个朝代的皇宫，也是世界上最大的皇宫。故宫位于北京城的中心，是全城风景最美的地区。故宫的面积有72万平方米，建筑面积16万平方米。故宫一共有四个门，南面有午门，北面有神武门，西面的叫西华门，东面的叫东华门。

　　午门是故宫的正门，1420年修建，1647年重新修建，高37.95米，正面有三个门，主楼的左右各有一座钟鼓亭。每次皇帝举行重要仪式时，都要鸣钟敲鼓。

　　进午门后，有一条金水河从西向东流过，河上有五座桥，叫内金水桥，最中间的桥是皇帝走的，两边的桥是皇帝的亲戚走的。最外边的两座桥是大臣们走的。

　　走过内金水桥，是一个大广场，面积有三万多平方米，是皇宫里最大的广场。广场的后边是太和殿，太和殿是皇宫里最雄伟的建筑。太和殿是皇帝举行重要仪式的场所。

在太和殿的后边是中和殿，皇帝在举行重要仪式前，先在这里接受朝拜。

保和殿位于中和殿后，是皇帝举行宴会和考试的地方，每年春节皇帝都要在这里请大臣们吃饭。

再往里是乾清宫，在明代和清代最初一些年里，乾清宫是皇帝住的地方，后来，皇帝搬到养心殿去住，这里就变成了皇帝平时办公的地方。

故宫里还有很多宫殿，很难一一介绍，据说故宫里一共有大小房子9999.5间。故宫里还有一个面积约一万多平方米的漂亮的花园，是皇帝和皇后休息的地方。

1925年10月，故宫成了博物院。故宫博物院收藏的文物和艺术品有一百多万件。故宫不仅是中国的文化遗产，也是世界上最著名的东方艺术宫殿。

阅读课文生词表　Vocabulary for the Reading Text

故宫	（专名）	Gùgōng	the Imperial Palace
紫禁城	（专名）	Zǐjinchéng	the Forbidden City
皇宫	（名）	huánggōng	the imperial palace
平方米	（量）	píngfāngmǐ	square metre
神午门	（专名）	Shénwǔmén	Gate of Godly Powers
西华门	（专名）	Xīhuámén	West Flowery Gate
东华门	（专名）	Dōnghuámén	East Flowery Gate
午门	（专名）	Wǔmén	Meridian Gate
正门	（名）	zhèngmén	main gate
重新	（副）	chóngxīn	again
宽	（形）	kuān	wide
正面	（名、形）	zhèngmiàn	front
主楼	（名）	zhǔlóu	main building
钟鼓亭	（名）	zhōnggǔtíng	bell and drum pavilion
皇帝	（名）	huángdì	emperor
举行	（动）	jǔxíng	to hold
仪式	（名）	yíshì	ceremony

鸣钟		míng zhōng	to sound a bell
敲鼓		qiāo gǔ	to beat a drum
金水河	(专名)	Jīnshuǐ Hé	Golden River
流	(动)	liú	to flow
桥	(名)	qiáo	bridge
内金水桥	(专名)	Nèi Jīnshuǐ Qiáo	Inner Marble Bridge
大臣	(名)	dàchén	minister
广场	(名)	guǎngchǎng	square
太和殿	(专名)	Tàihédiàn	Hall of Supreme Harmony
中和殿	(专名)	Zhōnghédiàn	Hall of Middle Harmony
朝拜	(动)	cháobài	to pay respects to
保和殿	(专名)	Bǎohédiàn	Hall of Preserving Harmony
乾清宫	(专名)	Qiánqīnggōng	Palace of Heavenly Purity
清代	(专名)	Qīng Dài	the Qing Dynasty
养心殿	(专名)	Yǎngxīndiàn	Hall of Mental Culture
宫殿	(名)	gōngdiàn	palace
花园	(名)	huāyuán	garden
皇后	(名)	huánghòu	queen
博物院	(名)	bówùyuàn	museum
收藏	(动)	shōucáng	to collect
文物	(名)	wénwù	cultural relic
遗产	(名)	yíchǎn	legacy

阅读练习　Exercises for the Reading Text

一、根据课文选择唯一恰当的答案

Among the given optional answers, select the one that is closest in meaning to the reading text.

1. 故宫的正门是：

　A　午门

　B　神武门

　C　西华门

　D　东华门

110

2. 皇帝在哪儿接受大臣们的朝拜？
   A 太和殿
   B 中和殿
   C 保和殿
   D 乾清宫

3. 故宫里最大、最漂亮的宫殿是：
   A 保和殿
   B 养心殿
   C 太和殿
   D 乾清宫

4. 清代最早的皇帝住在哪个宫殿里？
   A 养心殿
   B 太和殿
   C 保和殿
   D 乾清宫

5. 关于故宫的情况，下面哪一条这篇文章并没有告诉我们？
   A 一共有多少门
   B 一共有多少间房子
   C 建筑面积究竟有多大
   D 最早是什么时候修建的

二、想一想，说一说 Think and answer
1. 故宫在哪儿？有多大？
2. 故宫里都有哪些有名的建筑，它们都是干什么用的？
3. 关于故宫你还了解哪些情况？

第四十九课　Lesson 49

参观四合院

亲爱的玛丽：

你好！

我今天参观了北京的四合院，感到十分兴奋。你对中国的传统建筑也很感兴趣，因此我想你一定希望了解我今天的经历。

早就听老同学说，没去过北京的四合院，就不算到过北京。今天见了，才知道这话一点儿也不假。

下午，我们跟老师一起，走进了一所老北京人世世代代居住的四合院。这是一个小四合院，所有的情况都一目了然。四合院，其实就是东南西北都有房屋。这些房屋加上短墙连接起来，就成了一个四四方方的院落。

好客的女主人告诉我们,和其他地区的中国人一样,北京人也相信北方是个吉利的方向,都喜欢住在北边,因此一般四合院都是坐北朝南。她这种说法并不是没有道理,可我认为这种选择也有实用的考虑:坐北朝南的四合院能得到充足的阳光。

主人又指点着对我说,四合院里北边朝南的一排房子叫正房,或者叫北房。正房前边,两边相对的是厢房,东西各两间;院子里坐南向北紧挨着大门的是三间南房,老北京也叫它倒座儿。

听着她的介绍,我忽然想起过去看的一本书里提到,北京人一般是一家两三代人住个小四合院,独门独院的,非常舒适。除了南房作客厅或者书房,西南角作厕所外,每个家庭成员都按照辈分,住在一定的位置。家长住正房,晚辈住厢房。因此,我问主人:"看你的年龄,不像几代同堂的家长啊。怎么你住正房呀?"姑娘听了先是一愣,接着又笑了起来:"几代同堂?你说的那是老规矩啦!现在已经很少有一家住一个独院的了。我的家在这儿,我爸爸妈妈住在西城,远着呢!"

噢,我明白了,原来时代在变,四合院也已经不是原来意义上的四合院了。从空间上考虑,人们与他们的邻居、与社会之间的距离好像变近了,而家庭却越变越小,有些家庭成员之间的距离反而变得远了。这种变化对人们的生活习惯、社会风俗和人与人之间的关系会有什么样的影响呢?

读了我的经历,不知道你有什么感想,可以来信谈谈。

好,今天就写到这里。

祝你

一切顺利!

杰克　　九月十八日

生词表　New Words

四合院	(名)	sìhéyuàn	quadrangle
亲爱	(形)	qīn'ài	dear
兴奋	(形)	xīngfèn	exciting
假	(形)	jiǎ	untrue
所	(量)	suǒ	(a measure word)
世世代代		shìshì dàidài	for generations

居住	(动)	jūzhù	to live
所有的		suǒyǒude	every
一目了然		yī mù liǎorán	be clear at a glance
东南西北	(名)	dōngnánxībǐ	four directions
房屋	(名)	fángwū	house
加上	(动)	jiāshang	to add to
短	(形)	duǎn	short
墙	(名)	qiáng	wall
连接	(动)	liánjiē	to connect
四四方方		sìsìfāngfāng	square
院落	(名)	yuànluò	courtyard
好客	(形)	hàokè	hospitable
主人	(名)	zhǔrén	host, hostess
吉利	(形)	jílì	lucky
方向	(名)	fāngxiàng	direction
坐北朝南		zuòběi cháonán	to face south
道理	(名)	dàoli	truth
实用	(形)	shíyòng	practical
得到	(动)	dédào	to get
充足	(形)	chōngzú	sufficient
阳光	(名)	yángguāng	sunshine
指点	(动)	zhǐdiǎn	to point
正房	(名)	zhèngfáng	principal room
北房	(名)	běifáng	northern room
厢房	(名)	xiāngfáng	wing, wing-room
院子	(名)	yuànzi	courtyard
坐南向北		zuònán xiàngběi	to face north
紧挨着		jǐn'āizhe	next to
大门	(名)	dàmén	front gate
南房	(名)	nánfáng	southern room
倒座儿	(名)	dàozuòr	southern rooms
想起	(动)	xiǎngqǐ	to think about
本	(副)	běn	(a measure word)

提到	(动)	tídào	to mention
独门	(名)	dúmén	unneighbouring gate
独院	(名)	dúyuàn	unneighbouring courtyard
舒适	(形)	shūshì	cozy
客厅	(名)	kètīng	drawing room
书房	(名)	shūfáng	study
西南角	(名)	xīnánjiǎo	southwest
成员	(名)	chéngyuán	member
辈分	(名)	bèifèn	position in the family hierarchy
位置	(名)	wèizhì	position
晚辈	(名)	wǎnbèi	younger generation
年龄	(名)	niánlíng	age
几代同堂		jǐdài tóngtáng	various generations living under one roof
愣	(动)	lèng	to be speechless
规矩	(名)	guīju	rules, custom
啦	(助)	la	(a modal particle)
西城	(名)	xīchéng	west part of the city
着呢		zhene	(an emphatic marker)
变	(动)	biàn	to become
空间	(名)	kōngjiān	space
邻居	(名)	línjū	neighbour
好像	(动)	hǎoxiàng	seem
反而	(副)	fǎn'ér	on the contrary
风俗	(名)	fēngsú	custom
什么样		shénme yàng	what
读	(动)	dú	to read
感想	(名)	gǎnxiǎng	impressions
来信	(名)	láixìn	incoming letter
一切	(形、代)	yíqiè	all; everything

注　释　Notes to the Text

1. 就不算到过北京

动词"算"在这里的意思是"认做"(即承认甲与乙是一样的)或"当做"(即把甲与乙同等看待)。这句话的意思是,如果没看过北京的四合院,就跟没到过北京一样。再如:

The verb "算" carries the meaning of "regard" (as in 'A and B are regarded as equals') or "take as" (as in 'A is taken as B'). The above Chinese sentence means "If one doesn't go to see the traditional quadrangle, one's visit to Beijing would seem incomplete". Similar sentences are as follows:

①你这么做,还算什么朋友!(这么做就不是朋友)

②这件衣服不算贵。(价格不属于贵的)

③那地方算不上远。(不是远地方)

2. 世世代代居住的四合院

在汉语中,表示时间的量词或名词常常成对连用,意思相当于"每一"或"所有的"。"世世代代居住的四合院"就是连续居住了很多代的四合院。下面几个句子也是这种用法:

In Chinese measure words and nouns of time are often used in pairs with the meaning of "every" or "all of them". Here "世世代代居住的四合院" means a quadrangle in which the inhabitants have lived for generations. The following sentences are of the same type:

①我永远记着和你在一起的那些日日夜夜。

②大家都在分分秒秒地抢时间,你怎么看起小说来了。

③环境保护问题是个大事,我们年年月月都要讲。

3. 看你的年龄,不像……

动词"看"表示根据宾语表示的事物作出估计或判断。这里的意思是根据女主人的年龄,判断出她不像是家长。再如:

The verb "看" means one's judgement of the person or things indicated by the object. The above sentence means that "Judging from her age the visitor can't believe the young lady is the head of the household." Here are some more examples:

①看他那满头黑发,你怎么也想不到他已经是六十多岁的人了。

②看你走路的样子,不像没吃饱饭哪。

③看他们俩老在一起,你就知道他们是什么关系了。

4. 现在已经很少有一家住一个独院的了。

这是一个无主句,"有"是句子的主要动词。"一家住一个独院的"是"的"字结构做"有"的宾语,表示一种情况。句子的意思是,现在在北京,一家住一个四合院的情况已经很少了。

The above is a subjectless sentence with "有" as the main verb. "一家住一个独院的" is a structure with "的", functioning as an object toward which "有"is directed. The whole sentence means that it's rare that a single family live in a quadrangle in modern Beijing.

5. 我爸爸妈妈住在西城,远着呢。

形容词后边动态助词"着"和"呢"连用,一般出现在口语里,表示程度很高,其中往往包含说话人的某种感情、情绪,有时为了让听话人信服,还带有夸张的意味。例如:

The aspectual particle "着" used after an adjective together with "呢", mostly in spoken Chinese, expresses a high degree of something and the speaker's sentiment or mood, sometimes with an exaggerative but convincing tone, e.g.,

①那个公园漂亮着呢。
②欧洲离这儿远着呢。
③他这个人懒着呢。

词语例解　Word Study

1. 所有的 (形容词, adjective)

表示一定范围内人或某种事物的全部、一切。前边不能用副词修饰,不能重叠,不能作谓语,只能在句子里作定语。例如:

"所有的", meaning "all", can neither be modified by an adverb, repeated, nor function as a predicate except for an attributive, e.g.,

①所有的中国人都不会忘记这一天。
②大家把所有的东西都搬到车上去。
③我们欢迎所有来这里做客的人。

2. 忽然 (副词, adverb)

表示来到迅速而又出乎意料;突然。常用在谓语前边作状语,有时也可以用在主语前边。例如:

This adverb, meaning "suddenly", often acts as an adverbial before the predicate, but sometimes appears before the subject, e.g.,

①我们正要离开商店,忽然外边下起大雨来。
②眼看就要到地方了,汽车忽然停了下来。
③正上着课,忽然我的牙疼了起来。

3. 按照(介词, preposition)

根据,依照。与后边的名词或名词性词组构成介宾结构,用在动词前或主语前作状语,引出后边的陈述或动作行为的依据。例如:

This preposition, meaning "according to", is used with a following noun or nominal phrase as an adverbial before the verb or subject, so as to introduce what the following statement or action goes by, e.g.,

①我们应该按照实际情况考虑应该用什么办法。

②按照规定,中国城市里每对夫妻只能有一个孩子。

③按照李教授的看法,中国目前的经济发展不是太慢了,而是太快了。

4. 原来(副词, adverb)

"原来"有时表示发现或明白了真实情况,在句子里作状语,通常用在句首。比如:

It means "it turns out to be…", acting as an adverbial, generally put at the beginning of a sentence, e.g.,

①大家到处都找不到你,原来你在这里。

②怪不得你对这儿这么熟悉,原来你早就来过这里。

5. 反而(副词, adverb)

"反而"常在复句的后一个分句里作状语,表示跟上文的意思相反,或出乎预料和常情之外。如果是递进复句,前一个分句里常用连词"不但"、"不仅"等,但这些连词有时也可省略。如果是在表示转折的复句中,前边常常不用连词。例如:

It often functions as an adverbial in the second clause of a complex sentence, to indicate something opposite to what is shown in the previous sentence, or something unexpected. If it appears in a progressive complex sentence, the first clause often contains conjunctions such as "不但" or "不仅", but these conjunctions may be omitted. If it appears in an adversative complex sentence, its first clause generally has no conjunction in it, e.g.,

①他(不但)没有停下来,反而越走越快了。

②这样做不但不能解决问题,反而会把事情弄糟。

③自从出了这次事故,他胆子反而大了起来。

④这些人整天什么都不做,反而比我们挣的钱多。

6. 一切 (代词, pronoun)

(1) 全部的,所有的。常常与"都"呼应,在句子里作定语。例如:

It means "all", functioning as an attributive with "都" in the following part of the sentence, e.g.,

①一切活动都要停止。

②一切工作都要讲效率。

③不要以为开一个会就能解决一切问题。

(2) 泛指全部的事物。前边可以使用限制性定语修饰。

It refers to everything in a general sense, may be modified by a restrictive attributive.

1. 作主语

As a subject

①一切要从实际出发。

②饭店里的一切都很不错。

③这里发生的一切都让我感兴趣。

2. 作宾语

As an object

①他为祖国的科学事业贡献了自己的一切。

②记者围着他不停地问着有关这位发明家的一切。

语　　法　Grammar

1. 一点儿也不假

数量短语"一点儿"表示数量很少或程度很浅。

The numeral-measure word phrase "一点儿" means "a little bit" or "slightly".

⑴ "一点儿"后边带副词"也不"、"也没"、"也别"、"都不"、"都没"、"都别"等,在句子里作状语,表示强调,是一种彻底的否定。比如:

When followed by adverbs such as "也不","也没","也别","都不","都没" or "都别","一点儿" serves as an adverbial for complete negation, e.g.,

①这件事我一点儿也不知道。

②这台电视机一点儿也没坏。

③经理来以前,这些东西一点儿也别动,就这么放着。

④这个电影一点儿都不好。

⑵ "一点儿"还可以用在名词前作定语。如果是限制宾语,"一"常可省略。在否定句中,也表示一种彻底的否定。比如:

"一点儿" can also function as an attributive before a noun. If it goes before an object "一" may be omitted. A negative sentence with it shows complete negation, e.g.,

①你这个人怎么这样? 一点儿困难就把你吓倒了?

②我想喝(一)点儿热水。

③他需要(一)点儿别人的帮助。

④今天早上检查身体,一点儿饭都不能吃。

⑤他这个人特别严格,一点儿面子也不给。

2. 一般 (形容词, adjective)

⑴ 定语。普通;通常。"一般"和中心词之间用不用结构助词"的"都可以。例如:

It means "common" or "general", can be used as an attributive with or without the structural particle "的" before the word to be modified, e.g.,

①刚才我讲了我国教育的一般情况，下面我谈两个特殊的问题。

②这种东西一般的商店里根本买不到。

③一般的中国家庭不会买这么贵的空调机。

(2) 状语。通常。"一般"后边通常不用结构助词"地"，但如果紧接在后边的是"说"、"讲"、"介绍"等动词，"一般"后边就要加"地"。比如：

It means "generally", can be used as an adverbial. It needs no "的" unless it is immediately followed by verbs such as "说","讲" or "介绍", e.g.,

①我爸爸一般六点钟到家。

②一般地说，出现这种情况的可能性很小。

③我只是一般地介绍这里的情况，大家有什么具体问题可以问王经理。

④一般我们不出借工具书。

(3)谓语。普通。前边可以用程度副词修饰。

It means "ordinary", can be used as a predicate with a preceding adverb of degree.

①他的技术水平很一般。

②这条裙子的样子太一般了。

③这个电视剧内容极一般,演员演得可不错。

练　习

一、熟读下列词组：

1. 选择时间　　选择地点　　选择方向　　选择答案
选择对象　　选择工作　　选择……方法(方式)
选择生活道路　　认真选择

2. 考虑一下儿　　认真考虑　　好好考虑　　考虑什么
考虑怎么做　　考虑了半天　　考虑过　　考虑着

3. 经历了……　　经历过……　　经历复杂　　经历简单
没有什么经历　　生活经历　　了解……经历　　是……经历

二、将"所有"放在下列句中恰当的位置：

1.A 我们班的 B 同学 C 都去参观 D 历史博物馆了。

2.A 来北京旅行的 B 人 C 都要去 D 长城游览一下儿。

3．A 他把 B 时间 C 都 D 用在学习上了。

4．为了研究长城，我 A 看了 B 关于长城 C 的书和 D 杂志。

5．A 上次汉语水平考试 B 的听力 C 题我 D 都不会做。

6．A 这个学校 B 的情况我 C 差不多 D 都了解。

7．A 学汉语的 B 外国人 C 都说 D 汉字难写。

8．A 不一定 B 的女人 C 都 D 说在家当太太幸福。

9．A 家长 B 都希望 C 自己的 D 孩子成功。

10．秦始皇派 A 人把 B 差不多 C 的男人 D 都抓去修长城了。

三、用指定词语完成句子：

1．这次考试_____。（一点儿）

2．这个电视剧的内容相当不错，可演员_____。（一般）

3．他学了两年汉语，现在_____。（一般）

4．_____，外国学生在中国学校学习时，一般外国的节日，都不放假。（按照）

5．_____，你的孩子应该叫我奶奶。（按照）

6．今天教室里怎么一个学生也没有，_____。（原来）

7．我以为是玛丽呢，_____。（原来）

8．我听到敲门的声音，开门一看，_____。（原来）

9．_____，你不能生第二个孩子。（按照）

10．他是新学生，_____都很感兴趣。（一切）

11．这个宾馆的_____都让我们很满意。（一切）

12．在我们这里，自从改革以后，_____。（一切）

13．我刚要出去，_____。（忽然）

14．昨天晚上，我_____。（忽然）

15．他学了两年汉语，_____。（一般）

四、按照汉语的词序将下列词组组成句子：

1．小声 他 请 一点儿 睡觉 正在

2．一点儿 这肥 衣服 件 了 吗 瘦 有 一点儿 的

3．饿 想 了 吃 我 东西 （一）点儿

4．在 一般 我 都 晚上 家

5．朱丽叶 要求 老师 按照 写 的 报告 了 调查

6. 交通　这　事故　次　司机　和　关系　没有
7. 院落　四合院　就　四面　原来　是　的　房屋　都　有
8. 都　一般　坐　四合院　是　北　南　朝　的
9. 参观　的　感到　杰克　了　四合院　北京　兴奋　十分
10. 北房　一般　阳光　得到　充足　能　的

五、根据课文内容判断下列句子的意思是否正确：

　　1. 杰克对中国的传统建筑很感兴趣。（　　　）
　　2. 杰克认为没去过北京的四合院,就不算到过北京。（　　　）
　　3. 北方是个吉利的方向,因此四合院都是坐北朝南的。（　　　）
　　4. 四合院是由正房、厢房、南房组成的。（　　　）
　　5. 北京人一直是一家两三代人住个四合院。（　　　）
　　6. 四合院中家长住正房,晚辈住厢房。（　　　）
　　7. 现在北京的四合院已不是原来意义上的四合院了。（　　　）
　　8. 现在的家庭越变越小。（　　　）

六、讨论题：

　　1. 讲讲北京四合院的大概情况。
　　2. 四合院中为什么家长住正房?
　　3. "现代家庭越变越小"的意思是什么?
　　4. 家庭的变化对人们的社会风俗、生活习惯和人与人之间的关系有什么影响?

阅读课文　Reading Text

北京的四合院

　　北京胡同最大的特点,就是胡同里一个一个地排满了北京人居住的四合院。四合院最早大约出现在十二世纪,它们不仅是中国古代建筑的一种典型,而且也反映出以家族为中心的中国晚期封建社会的很多特点。按照封建社会等级制度的要求,每一座四合院在各个方面都必须符合主人的身分。不过,所有的四合院又都有一个共同的特点,就

是东南西北都有房屋。正房坐北朝南，院子四四方方，成了一种标准。根据北方的气候特点和民族习惯，北京四合院的房屋建筑，也有比较固定的结构和造型。

过去，北京人住房有很多讲究。人们常说："有钱不住东南房。"老北京一般都愿意自己的房屋靠着别的建筑，但这个建筑不能太高，更不能是庙，特别是一定不能让什么高大的东西正好对着自己的大门或正房，否则就是不吉利。

北京的四合院有大、中、小几种。小四合院就是三间正房三间南房，东西各两间厢房围起来的一个院落。这种小四合院最多，主人当然都是普通老百姓。如果在这个基础上扩大一些，在旁边加上一个小院子，用门或者走廊把它和中间的院子连起来，就成了中四合院。中四合院都有两个院落，有的是五间北房，有的是七间北房，南房一般和北房一样多，东西厢房都是各三间。

在中四合院的基础上再向四面发展，就成了大四合院。或者说，大四合院是东西南北互相连接大中有小的几个院落形成的。这种大四合院当然只有王公贵族和有钱人家才住得起。

如果能从空中看一下老北京城，就会发现一个个大大小小的四合院一排排地连接起来后，每排之间用来通风、采光的地方就成了胡同，这些胡同自然又成了北京的街道。一座座老北京居住的房屋构成了四合院，四合院连起来又形成了胡同，一条条、一片片的胡同连接起来又构成了整座北京城。换句话说，整座北京城就像是放大了的用胡同连接起来的四合院。

阅读课文生词表　Vocabulary for the Reading Text

胡同	（名）	hútòng	lane
它们	（代）	tāmen	they
典型	（名、形）	diǎnxíng	model, typical
家族	（名）	jiāzú	clan
晚期	（名）	wǎnqī	later period
封建社会	（名）	fēngjiàn shèhuì	feudal society
等级	（名）	děngjí	class
制度	（名）	zhìdù	system
要求	（动、名）	yāoqiú	to require, requirement
符合	（动）	fúhé	accord with
身分	（名）	shēnfen	capacity
共同	（形）	gòngtóng	common
根据	（动）	gēnjù	according to
固定	（动、形）	gùdìng	to fix, fixed
结构	（名）	jiégòu	structure
造型	（名）	zàoxíng	shape
讲究	（动、形）	jiǎngjiu	to be particular about
有钱	（形）	yǒuqián	rich
东南房	（名）	dōngnánfáng	eastern room and southern room
标准	（名、形）	biāozhǔn	standard
庙	（名）	miào	temple
围	（动）	wéi	to surround
普通	（形）	pǔtōng	ordinary
老百姓	（名）	lǎobǎixìng	common people
基础	（名）	jīchǔ	base

扩大	（动）	kuòdà	to expand
走廊	（名）	zǒuláng	corridor
王公	（名）	wánggōng	princes and dukes
贵族	（名）	guìzú	nobles
空中	（名）	kōngzhōng	in the air
大大小小		dàdàxiǎoxiǎo	various sizes
通风		tōng fēng	to ventilate
采光		cǎi guāng	lighting
街道	（名）	jiēdào	street
片	（量）	piàn	(a measure word)
构成	（动）	gòuchéng	to form
整	（形）	zhěng	whole
放大	（动）	fàngdà	to enlarge

阅读练习　Exercises for the Reading Text

一、根据课文选择唯一恰当的答案

Among the given optional answers, select the one that is closest in meaning to the reading text.

1. 根据本文，北京的四合院有多长时间的历史了？

    A　一千二百年

    B　七百多年

    C　八百多年

    D　九百多年

2. 本文说到了下面哪种情况？

    A　老北京不喜欢住南房

    B　四合院的结构和造型有很多变化

    C　住中四合院的都是有钱人

    D　普通老百姓住不起四合院

3. 老北京不愿意自己的房屋前面有高大的建筑，因为他们认为这样：

    A　会影响院子采光

B　会影响院子通风

C　会使人出来进去不方便

D　会使自己倒霉

4. 中四合院至少有多少间房子？

A　十六间

B　十三间

C　十一间

D　十八间

5. 根据本文：

A　过去北京街道不太整齐

B　老北京住的房屋排起来形成了街道

C　大四合院里也有街道

D　北京的胡同最早是用来走人的

二、想一想,说一说 Think and answer

1. 四合院的主要特点是什么？

2. 老北京住房有什么讲究？你觉得这种讲究有没有道理？为什么？

3. 为什么说整个北京城就像是放大了的四合院？

第五十课　Lesson 50

谐趣园游记

　　我们这些留学生，远离家乡，每天在教室、图书馆、食堂、宿舍之间跑来跑去，天天盼周末，可到了周末，一下子闲下来，心里有时反而觉得空空的。每逢这时，颐和园里的谐趣园就成了我排解乡愁，放松身心，享受回归自然乐趣的世外桃源。

　　一个初夏的周末，我又和玛丽一起来到这里。

　　谐趣园是一个中国古代园林艺术的宝库。这里的古代建筑和湖光山色一起，构成了一座北国的人间天堂。我们一边沿着湖边走着，一边欣赏着园中的美景。我们发现在这片不大的水面上，竟大大小小建了七、八座桥。最短的还不到两米长，而长的也不过十米多一点。看来像江南那种"小桥流水"式的安排吧。

走累了，我们就在一座桥上坐了下来。一个中年人走来和我们聊了起来。他问："你们知道这座桥叫什么桥吗？"

"上面写着'知鱼桥'啊。"

"'知鱼'这两个字有个有趣的典故，你们知道吗？"

我们摇摇头。

于是，他给我们讲了下面这个故事：

庄子和惠子是中国战国时期的两个了不起的哲学家。

有一天，庄子看着水里的游鱼说：你看鱼自由地游来游去，多么快活。

惠子问：你又不是鱼，怎么知道它们快活呢？

庄子没有回答，却反问道：你不是我，怎么知道我不知道鱼快活呢？

惠子答道：我不是你，所以不知道你知不知道，而你也不是鱼，所以也不知道鱼是不是快活。

庄子最后说：你问我怎么知道鱼快活，可见你知道我了解鱼是快活的，既然这样，又何必再问呢。

这果然是个有趣的故事，不过我们也是好容易才弄明白这个典故的意思的。

忽然，那个中年人伸手一指说："你们看那边，鱼到底快活不快活呢？"

远远望去，湖边有人正在钓鱼。想当年，古人也曾经享受过这种乐趣。看来，无论是过去，还是现在，鱼都有不快活的时候。

离开谐趣园时，太阳早已落山，整个园子慢慢蒙上一层淡淡的灰色，越来越模糊，像是要昏昏睡去的样子。

再见了，"园中园"，我们还会再来的。

生词表　New Words

谐趣园	（专名）	Xiéqùyuán	Harmonious Garden
游记	（名）	yóujì	travel notes
留学生	（名）	liúxuéshēng	foreign student, student returned from abroad
远离	（动）	yuǎnlí	far away from
教室	（名）	jiàoshì	classroom

盼	(动)	pàn	to look forward
一下子	(副)	yíxiàzi	suddenly
闲	(形)	xián	unoccupied, leisure
心里	(名)	xīnli	mind
有时	(副)	yǒushí	sometimes
空空的		kōngkōngde	hollow
每逢		měiféng	whenever
这时	(名)	zhèshí	at the time
颐和园	(专名)	Yíhéyuán	the Summer Palace
排解乡愁		páijiě xiāngchóu	to dispel one's nostalgia
放松	(动)	fàngsōng	to relax
身心	(名)	shēnxīn	body and mind
享受	(动)	xiǎngshòu	to enjoy
回归	(动)	huíguī	to return
世外桃源	(名)	shìwài táoyuán	Land of Peach Blossoms
初夏	(名)	chūxià	early summer
来到	(动)	láidào	to arrive
园林	(名)	yuánlín	gardens
宝库	(名)	bǎokù	treasure house
湖光山色	(名)	húguāng shānsè	beauty of lakes and mountains
构成	(动)	gòuchéng	to constitute
北国	(名)	běiguó	the North
人间	(名)	rénjiān	on earth
天堂	(名)	tiāntáng	paradise
园	(名)	yuán	garden
美景	(名)	měijǐng	scenery
片	(量)	piàn	(a measure word)
水面	(名)	shuǐmiàn	surface of the water
竟	(副)	jìng	unexpectedly
大大小小		dàdàxiǎoxiǎo	of various sizes
建	(动)	jiàn	to build
桥	(名)	qiáo	bridge

还不到		hái bú dào	no more than
江南	(名)	Jiāngnán	south of the Changjiang River
流水	(名)	liúshuǐ	running water
式	(名)	shì	style
中年人	(名)	zhōngniánrén	middle aged person
知鱼		zhī yú	understanding of fish
有趣	(形)	yǒuqù	interesting
典故	(名)	diǎngù	allusion
摇头		yáo tóu	to shake one's head
庄子	(专名)	Zhuāngzǐ	Zhuangzi
惠子	(专名)	Huìzǐ	Huizi
哲学家	(名)	zhéxuéjiā	philosopher
水里	(名)	shuǐli	in the water
游	(动)	yóu	to swim
自由	(名、形)	zìyóu	freedom, free
多么	(副)	duōme	how, what
快活	(形)	kuàihuó	happy
它们	(代)	tāmen	they
反问	(动)	fǎnwèn	to ask in reply
答	(动)	dá	to answer
知	(动)	zhī	to know
可见	(连)	kějiàn	from this one can see
既然	(连)	jìrán	since
何必	(副)	hébì	unnecessarily
果然	(副)	guǒrán	sure enough
好容易	(副)	hǎoróngyi	with difficulty
指	(名)	zhǐ	to point
到底	(副)	dàodǐ	after all
湖边	(名)	húbiān	side of a lake
钓鱼		diào yú	to angle
古人	(名)	gǔrén	ancients
无论	(连)	wúlùn	no matter what...

早已	（副）	zǎoyǐ	long ago
落山		luò shān	setting
整个	（形）	zhěnggè	whole
园子	（名）	yuánzi	garden
蒙	（动）	méng	to cover
灰色	（名）	huīsè	grey
模糊	（形）	móhu	dim
昏昏	（形）	hūnhūn	sleepy
睡	（动）	shuì	to sleep

注　释　Notes to the Text

1. 天天盼周末

名量词重叠表示"每一"，天天就是每天。下面的例子也是这种用法：

Repeated nominal measure words mean "every", so "天天" is "every day". The following sentences contain the same type of repetitions：

　　①我年年都要回家过春节。（每年都回家）
　　②他月月都把钱花光。（每个月都花光）

2. 世外桃源

"世外桃源"是中国晋代的著名诗人、散文家陶渊明在《桃花源记》里描写的一个远离人世、没有战争的安乐美好的地方。后来常用来借指不受外界影响的地方或幻想中的美好世界。

"The Land of Peach Blossoms" is a beautiful land of peace away from the turmoil of the human world described in "A Visit to the Land of Peach Blossoms" by Tao Yuanming, a great poet and prose writer of the Jin Dynasty. Later "the Land of Peach Blossoms" is often figuratively used for Utopia — an imaginary land free from outside influence.

3. 这里的古代建筑和湖光山色一起,构成了一座北国的人间天堂

"湖光山色"描绘的是以闪动着波光的湖水和覆盖着绿色树木的山等自然景观作为主要特征的美丽的景色。

"湖光山色" is used to describe beautiful natural scenery of rippling shiny lake water and green mountains.

4. 竟大大小小建了七八座桥。

副词"竟"表示事情的发生出乎意料之外或违背常理,和"居然"相近。类似的例子如：

The adverb "竟", similar to "居然", shows something unexpected or usual. Here are some more examples：

①为了这么一点小事,他们俩竟吵起来了。

②这个孩子还不到七岁,钢琴竟弹得这么好。

本句中说明谐趣园中桥之多,超出一般。

In this text "竟" is used to describe the number of bridges in the park that is beyond one's imagination.

"大大小小"是说桥的规格有大有小。

"大大小小" means "big or small" (various size of bridges).

5. 最短的还不到两米

"还不到"表示在长度、数量等方面还没有达到某一点。在本句中含有强调其短的意味。

"还不到", meaning "less than", focuses on the shortage of the length.

6. 庄子和惠子

庄子(约前 369—前 286 年),战国时的哲学家,著有《庄子》一书。

Zhuangzi(about 369B. C.-286B. C.), was a philosopher in the Warring States Period. Zhuangzi is his important works.

惠子(约前 370—约前 310 年),名字叫惠施,战国时的哲学家,是庄子的朋友。

Huizi(about370B. C.-310B. C.), alias Huishi, Zhuangzi's friend, was a philosopher in the Warring States Period.

7. 两个了不起的哲学家

"了(liǎo)不起"形容不一般;(优点)突出。在句子里作定语。"了不起"前边可以用副词修饰,也可以在句子里作谓语。例如:

"了不起" means "outstanding", functioning as an attributive. It can also be modified by an adverb, or acts as a predicate, e.g.,

①这个科学家真了不起。

②这是一个非常了不起的工程。

③这种事我们见过很多,没有什么了不起的。

词语例解 Word Study

1. 多么 (副词, adverb)

用在感叹句里,表示程度很高。语气比较夸张并带有强烈的感情色彩。多用于书面。作状语。例如:

It means "how" as an adverbial for exaggerative sentiments in an exclamatory written sentence, e.g.,

①北京的秋天多么美丽啊!

②这些孩子多么可爱啊!

③我多么希望能去长白山玩玩啊！

④故乡啊故乡，多么使人思念的地方！

2. 何必 (副词, adverb)

"何必"用反问句,表"不必",没有必要。

It means "unnecessarily" in a rhetorical question.

①这不是什么了不起的事儿,何必这么着急呢？(不必着急)

②我又没说你,(你)何必生气呢？(没有必要生气)

③今天不会下雨,何必带伞呢？(没有必要带伞)

3. 好容易 (副词, adverb)

表示很不容易(才办成某事)。后边常用"才"呼应。多用在动词前边,有时也可以用在句子的前边作状语。意思同"好不容易"相当。例如:

It means "something is done with difficulty", having "才" in the following part of the sentence. It is often used before a verb, but sometimes at the beginning of a sentence as an adverbial. It is almost equal to"好不容易", e.g.,

①我好(不)容易才借到这本书,为什么先让你看呢？

②她最近常得病,好(不)容易(才)治好了感冒,今天又开始拉肚子了。

③我找了半天,好(不)容易才找到你。

4. 到底 (副词, adverb)

表示追究的语气,意思相当于"究竟"。用于提问(尤其常用在选择疑问句里,通常不用于一般疑问句)。不能用于陈述句。在句子里作状语。位置通常在谓语动词或形容词之前;如果主语是疑问代词,则只能用在主语前边。

It means "on earth", in the same sense of "究竟", for an alternative question (not for a general question or a statement). It functions as an adverbial before a verbal predicate or an adjective. It can go only before a subject performed by an interrogative pronoun.

①你下午到底在不在家？

②他到底是哪国人？

③到底谁是你的朋友？

④到底什么事情最重要？

5. 弄 (动词, verb)

做、干、办、搞。用于口语,可以代替一些动词。如:

It is used in spoken Chinese in the sense of "do", "work" or "make", to replace some other verbs, e.g.,

①你坐一会儿,我叫我妻子弄点儿饭吃。(弄=做)

②你说话要小心,别把事情弄糟了。　　　(弄=办)

③这车坏了,请你帮我弄弄。　　　　　　(弄=修理)

④这件事一定要弄出个结果来。　　　　　(弄=调查)

⑤飞机票已经弄到了。　　　　　　　　　(弄=买)

6. 可见 (连词, conjunction)

"可见"表示后边的话是根据前边提到的事实得出的判断或结论:

It means "from this one can see", indicating that the judgement or conclusion is made on the basis of the facts given before.

①跟你说过这么多次了,你还是老搞错,可见根本就不认真。

②昨天我给他打过几次电话,都没人接,可见他根本就不在家。

7. 果然 (副词, adverb)

"果然"表示与所说或所预料的相符,有真的、确实的意思。只作状语。可以用在主语和谓语之间,也可以用在句子前边。例如:

It means "sure enough", "really" or "exactly", functioning as an adverbial between the subject and predicate, or before the subject, e.g.,

①昨天我就看他脸色不好,今天他果然没来上班。

②听了我们的介绍,李秘书带我们来到一家饭店,果然,王经理正在那里和几个人谈生意。

语　　法　Grammar

1. 跑来跑去

动词重叠,并在前一个动词后边用"来",后一个动词后边用"去"作趋向补语,表示在一定的距离里来了又去,去了又来不断地重复同一个动作或行为,有时也表示在一定的范围里以不同的角度或方式不断地重复同一个动作或行为。例如课文中出现的"跑来跑去"、"游来游去"。又比如:

It is a repeated verb with "来" and "去" after each character as directional complements, indicating that an action repeats itself between two points of a place, or sometimes an action repeats itself in different way or different angle in a limited place. In the text we have come across phrases such as "跑来跑去" and "游来游去". The following sentences contain similar phrases:

①他在屋子里走来走去,好像遇到了什么难题。

②空中小姐们老是在天上飞来飞去,也挺辛苦的。

③你说来说去,还不是想跟我借钱吗?

④我想来想去,还是觉得你的办法好。

2.无论……都……

表示在各种条件下结果都不变。用来构成条件复句或紧缩句。连词"无论"引出的复句的前一个分句中或者紧缩句的主语、状语等,条件句中常用"谁"、"什么"、"哪儿"等表现周遍意义的疑问代词,也可以用表示选择关系的并列成分。后一个分句或紧缩句的谓语部分常有"也"、"都"、"总"等词语呼应,表示结果不变。例如:

It means "no matter what may happen things will remain unchanged". This phrase can be used to form a conditional complex sentence or a contracted sentence. In the first clause of a complex sentence introduced by "无论", or in the subject and adverbial of a contracted sentence so made, coverage interrogative pronouns such as "谁", "什么" or "哪儿" as well as alternative coordinating elements are often used. "也", "都" or "总" can also be used in the second clause of a complex sentence or in the predicate of a contracted sentence, to indicate that the result remains unchanged, e.g.,

①无论情况如何变化,我也不会改变自己的决心。
②无论发生了什么事,你也不要着急。
③无论他参加不参加,我们都要开这个会。
④无论谁也不会想到我今天会来。
⑤无论过去还是现在我都是你的朋友。

练 习

一、熟读下列词组:
1. 远离家乡　远离祖国　远离亲人　远离朋友
   远离学校　远离妻子、儿女　　远离丈夫
2. 每逢周末　每逢过年　每逢节日　每逢考试
   每逢与谁见面
3. 文化宝库　艺术宝库　理论宝库　知识宝库
4. 欣赏音乐　欣赏美景　欣赏雪景　欣赏这幅画
   对……很欣赏　欣赏……的才能

二、解释下列词语:
1. 放松身心
2. 世外桃源
3. 了不起
4. 想当年

三、用指定词语改写下列句子：

1. 这本词典真不好买，我去了好几个书店才买到。（好容易）

2. 这个地方太难找了，我们找了半天才找到。（好容易）

3. 孟姜女走了几个月，终于到了长城。（好不容易）

4. 公元前221年秦始皇终于打败了其它六个国家，统一了中国。

（好容易）

5. 今天的温度不低，你为什么穿这么多呢？（何必）

6. 这个练习明天不交，为什么一定要今天做完呢？（何必）

7. 这篇文章究竟是老师写的还是学生写的？（到底）

8. 中国的出生率排在第几位？你快告诉我。（到底）

9. 天气预报说今天有雨，今天十点左右，真的下雨了。（果然）

10. 听说那位修车的师傅水平很高，我去找他修车，真是修得又快又好。（果然）

11. 师傅，我的车有点儿毛病，您给看看。（弄）

12. 我搞到两张足球票，明天咱们一起去看球赛，怎么样？（弄）

13. 不管学习怎么忙，我都要抽时间练口语。（多么）

14. 不管平时多么忙，一到周末，我们也都要闲下来。（无论）

15. 不管他妻子怎么贤惠，他都不满意。（无论）

16. 不管孩子的经理爸爸有多少钱，孩子也不愿意要这个经理，他要的是关心他的爸爸。（无论）

四、选词填空：

1. 果然　　　忽然

(1) 听说三木小姐的腿好了，可以走路了，我去医院一看，_____是真的。

(2) 我正在写作业，玛丽_____跑进来告诉我，三木小姐出交通事故了。

(3) 玛丽说："谐趣园是休息的好地方。"我上周末去了，那儿_____是享受回归自然乐趣的世外桃源。

(4) 我们正在欣赏着园中的美景，_____刮起了大风，下起了大雨。

2. 不容易　　　好容易

136

(1)那个美术展览的作品真多,我们参观了三个小时,_____才看完。

(2)无论学哪种外语都_____学好,非下工夫不可。

(3)今天的语法_____懂,老师给我们讲了半天,_____才弄明白。

五、按照汉语的词序将下列词语组成句子:

1．一个　的　谐趣园　中国　颐和园　的　古代　里　是　园林　宝库　艺术

2．着　我们　湖边　一边　走　沿　着　美景　一边　园林　着　欣赏　的

3．人　走　一个　来　中年　起来　我们　和　聊　了　他

4．的　有　他　很　经历　意思

5．以后　感想　参观　有　完　他　很多

六、根据课文的内容判断下列句子的意思是否正确:

1．课文里的"我"是外国人。(　　　)

2．他们是第一次来谐趣园。(　　　)

3．谐趣园里的园林建筑跟江南的差不多。(　　　)

4．他们很容易就明白了"知鱼桥"典故的意思。(　　　)

5．无论过去,还是现在,钓鱼都是一种乐趣。(　　　)

6．鱼不快活的时候也正是人们钓鱼的时候。(　　　)

七、讨论题:

1．你去过谐趣园吗? 请介绍一下园中的情况。

2．庄子知不知道鱼快活不快活? 为什么?

3．为什么说鱼也有不快活的时候?

4．为什么说谐趣园是"园中园"?

阅读课文　Reading Text

长白山天池

　　说起长白山，你就会想到天池，那是长白山上一个巨大的火山口。虽然火山早已不再活动，火山口也早已变成了一个湖，可那种人类还不能控制的自然力却一直吸引着那些充满好奇和喜欢冒险的人们。

　　远远望去，长白山好像一条白色的巨龙。山脚下，是一片绿色的海洋，而山上却仍然是层层积雪。上了山，你就会发现自己来到了一座天然野生动植物的宝库。也许你爱听那风吹林海的巨大声音，也许你还会遇到什么从来没见过的动物。刚上山时，还能看到各种阔叶树和针叶树在一起，慢慢就不见了阔叶树。你还会发现脚下的土壤也变了颜色。再往上爬，针叶树换了桦树，土壤又变了颜色。当你终于把大森林甩在后边，来到海拔两千米的地方，你就会看见一片美丽极了的巨大的地毯，那是用大约一百七十多种冻原植物铺成的天然地毯。

　　当你终于明白长白山并不只有天池的时候，你却已经来到了天池。在这里，火山浆凝固而成的大大小小的白色石块堆积成了一个巨大的

138

环形山口，山口里是一个静静的大湖，湖里的水清清的蓝蓝的，能看见天空中不时飘过的白云。据说这里的水有两百多米深呢。

看过天池，站在长白山上向四周望去，头上是蓝蓝的天空，白云就在你旁边变化，脚下是绿色的林海，远处是连绵起伏的群山，天池的水借着瀑布一路流去，形成了平原上的河流，给人们带去了繁荣和幸福。朋友，还有什么比这更使人陶醉的呢？

阅读课文生词表　Vocabulary for the Reading Text

长白山	（专名）	Chángbái Shān	Changbai Mountain
天池	（专名）	Tiānchí	(name of a place)
巨大	（形）	jùdà	enormous
火山口	（名）	huǒshānkǒu	crater
火山	（名）	huǒshān	volcano
自然力	（名）	zìránlì	power of nature
吸引	（动）	xīyǐn	to attract
好奇	（形）	hàoqí	curious
冒险		mào xiǎn	to take a risk
色	（名）	sè	colour
巨龙	（名）	jùlóng	gigantic dragon
山脚下	（名）	shānjiǎoxià	foot of a mountain
海洋	（名）	hǎiyáng	ocean
层层		céngcéng	mountain after mountain
积雪	（名）	jīxuě	accumulated snow
野生	（形）	yěshēng	wild
动植物	（名）	dòngzhíwù	animals and plants
林海	（名）	línhǎi	immense forest
动物	（名）	dòngwù	animal
阔叶树	（名）	kuòyèshù	broadleaf tree
针叶树	（名）	zhēnyèshù	coniferous tree
土壤	（名）	tǔrǎng	soil
桦树	（名）	huàshù	birch
海拔	（名）	hǎibá	above sea level

地毯	（名）	dìtǎn	carpet
冻原	（名）	dòngyuán	freezing source
植物	（名）	zhíwù	plants
铺	（动）	pū	to spread
火山浆	（名）	huǒshānjiāng	lava
凝固	（动）	nínggù	to solidify
石块	（名）	shíkuài	rock
堆积	（动）	duījī	to heap up
环形	（名）	huánxíng	annular
山口	（名）	shānkǒu	pass
飘	（动）	piāo	to float
天空	（名）	tiānkōng	sky
连绵	（动）	liánmián	continuous
起伏	（动）	qǐfú	to rise and fall
群山	（名）	qúnshān	mountains
瀑布	（名）	pùbù	waterfall
一路	（名）	yílù	all the way
繁荣	（形）	fánróng	prosperous
陶醉	（动）	táozuì	to be intoxicated

阅读练习　Exercises for the Reading Text

一、根据课文选择唯一恰当的答案

Among the given optional answers, select the one that is closest in meaning to the reading text.

1. 长白山最吸引人的是什么？

　A　野生动物

　B　天池

　C　野生植物

　D　瀑布

2. 去天池的路走到一半时，能见到什么植物？

　A　阔叶树和针叶树

　B　阔叶树

C   针叶树

D   冻原植物

3. 文章中说到下面那种情况？
   A   山脚下都是桦树
   B   上山后，土壤的颜色会有变化
   C   山上的土壤是白色的
   D   桦树都在海拔两千米以上

4. 大湖旁边是什么？
   A   冻原植物
   B   森林
   C   石块
   D   天然地毯

5. 根据本文：
   A   山上和山下的温度变化比较大
   B   因为有火山，天池附近温度很高
   C   火山活动吸引人们去冒险
   D   长白山附近没有别的山

二、想一想，说一说 Think and answer
1. 长白山都有哪些吸引人的地方？
2. 长白山主要有哪几种植物？
3. 长白山下平原上的河流是从哪儿来的？

附录

部分练习答案

第四十一课

二、1. 起来　　2. 下去　　3. 起来　　4. 起来　　5. 出来
　　6. 下去　　7. 下去　　8. 起来　　9. 出来　　10. 起来
　　11. 出来　12. 下去　13. 出来　14. 出来　15. 出来　　✓ June 23rd 2001

三、1. B　　2. C　　3. C　　4. D　　5. B
　　6. C　　7. D　　8. C　　9. C　　10. C

六、1. ×　　2. ×　　3. ×　　4. ×　　5. ✓
　　6. ×　　7. ✓

第四十二课

四、1. D　　2. D　　3. A　　4. A　　5. D

七、1. ×　　2. ×　　3. ✓　　4. ✓　　5. ×
　　6. ✓

第四十三课

二、1. 但是　2. 但是　3. 却　　4. 却　　5. 但是、却
　　6. 但是　7. 却　　8. 但是、却

六、1. ×　　2. ×　　3. ✓　　4. ✓　　5. ✓
　　6. ✓

第四十四课

六、1. ✓　　2. ×　　3. ✓　　4. ×　　5. ×

第四十五课

二、1. 所以　2. 所以　3. 所以　4. 所以　5. 因此(所以)
　　6. 所以

六、1. C　　2. B　　3. B　　4. B　　5. B

第四十六课

六、1. ×　　2. ×　　3. ✓　　4. ×　　5. ✓
　　6. ×　　7. ✓　　8. ✓

第四十七课

二、1. 变　　2. 变成　3. 变化　4. 变化　5. 变
　　6. 改变　7. 变　　8. 变　　9. 变　　10. 变
　　11. 变成　12. 变化、变　　13. 变　　14. 变
　　15. 改变

五、1. 个、个　2. 个、个　3. 个、个　4. 口、口　件、件　5. 张、张

142

6. 件、件　　7. 笔、笔　　8. 封、封
六、1. ✓　　　2. ✗　　　3. ✓　　　4. ✓　　　5. ✗
　　6. ✗　　　7. ✓

第四十八课

四、1. 为了　　2. 关于　　3. 关于　　4. 对　　　5. 对
　　6. 为了　　7. 为了　　8. 对　　　9. 为了　　10. 对
六、1. ✓　　　2. ✗　　　3. ✓　　　4. ✗　　　5. ✓
　　6. ✗　　　7. ✗　　　8. ✓

第四十九课

二、1. C　　　2. A　　　3. D　　　4. B　　　5. B
　　6. B　　　7. A　　　8. B　　　9. A　　　10. C
五、1. ✓　　　2. ✓　　　3. ✓　　　4. ✓　　　5. ✗
　　6. ✓　　　7. ✓　　　8. ✓

第五十课

四、1.(1)果然　　(2)忽然　　(3)果然　　(4)忽然
　　2.(1)好容易　(2)不容易　(3)不容易、好容易
六、1. ✓　　　2. ✗　　　3. ✓　　　4. ✗　　　5. ✓
　　6. ✓

阅读练习参考答案

第四十一课	1C	2A	3D	4B	5A
第四十二课	1B	2C	3D	4A	5B
第四十三课	1A	2C	3B	4C	5C
第四十四课	1D	2B	3A	4D	5C
第四十五课	1C	2A	3B	4A	5B
第四十六课	1D	2C	3C	4B	5A
第四十七课	1B	2C	3A	4C	5B
第四十八课	1A	2B	3C	4D	5D
第四十九课	1C	2A	3D	4A	5B
第 五 十 课	1B	2A	3B	4C	5A

词 汇 表

A

爱好	（动、名）	àihào	to like, hobby	42
爱情	（名）	àiqíng	love（between a man and a woman)	43

B

白族	（专名）	Báizú	the Bai nationality	47
半路	（名）	bànlù	half way	48
半坡	（专名）	Bànpō	(name of a place)	45
榜样	（名）	bǎngyàng	good example	44
保持	（动）	bǎochí	to keep	42
保险	（名）	bǎoxiǎn	insurance	42
宝库	（名）	bǎokù	treasure house	50
抱	（动）	bào	to embrace	43
抱怨	（动）	bàoyuàn	to complain	43
悲惨	（形）	bēicǎn	tragic	48
悲剧	（名）	bēijù	tragedy	47
北房	（名）	běifáng	northern room	49
北国	（名）	běiguó	the North	50
辈分	（名）	bèifen	position in the family hierarchy	49
本	（副）	běn	(a measure word)	49
边界	（名）	biānjiè	boundary	46
变	（动）	biàn	to become	49
变成	（动）	biànchéng	to become	47
变心		biàn xīn	to cease to be faithful	42
表示	（动）	biǎoshì	to express	41
并	（副、连）	bìng	(not)at all, and	42
并不		bìng bù	not at all	47
拨	（动）	bō	to dial	43
不必	（副）	búbì	unnecessarily	42

不断	(副)	búduàn	continuously	48
不管	(连)	bùguǎn	regardless of	47
不佳	(形)	bùjiā	bad	44
不仅	(连)	bùjǐn	not only	45
不时	(副)	bùshí	time and again	43
不一定		bù yídìng	unnecessarily	42
不正是		bú zhèng shì	not exactly	44
不足	(形)	bùzú	insufficient	41
部落	(名)	bùluò	tribe	45

C

擦	(动)	cā	to rub	43
踩	(动)	cǎi	to trample	47
餐厅	(名)	cāntīng	restaurant	43
操持	(动)	cāochí	to manage	42
产生	(动)	chǎnshēng	to produce	41
长江	(专名)	Chángjiāng	the Changjiang River	45
朝鲜	(专名)	Cháoxiǎn	Korea	46
陈列	(动)	chénliè	to exhibit	45
城墙	(名)	chéngqiáng	wall of a town or city	48
成功	(动、形)	chénggōng	to succeed, successful	44
成果	(名)	chéngguǒ	achievement	44
成千上万		chéngqiān shàngwàn	thousands upon thousands	48
成人	(名)	chéngrén	adult	44
成员	(名)	chéngyuán	member	49
持续	(动)	chíxù	to continue	41
充分	(形)	chōngfèn	full	42
充足	(形)	chōngzú	sufficient	49
初夏	(名)	chūxià	early summer	50
出生率	(名)	chūshēnglǜ	birth rate	41
出现	(动)	chūxiàn	to arise , to appear	41
出自	(动)	chūzì	to come from	47
储量	(名)	chǔliàng	reserves	46
穿着	(名)	chuānzhuó	dress, apparel	43

传说	(动、名)	chuánshuō	the story goes, legend; it is said	45
创造	(动、名)	chuàngzào	to create, creation	45
春秋	(专名)	Chūnqiū	the Spring and Autumn Period	48
辞职		cí zhí	to resign	42
从此	(连)	cóngcǐ	since then	45
从小		cóngxiǎo	since one's childhood	44
粗	(形)	cū	thick	47
挫折	(名)	cuòzhé	setback	44

D

达到	(动)	dádào	to reach	41
答	(动)	dá	to answer	50
打败	(动)	dǎbài	to be defeated	45
打听	(动)	dǎting	to inquire about	48
打仗		dǎ zhàng	to fight a battle	45
大部分		dàbùfen	most	46
大大	(副)	dàdà	greatly	47
大大小小		dàdàxiǎoxiǎo	of various sizes	50
大陆	(名)	dàlù	continent	46
大门	(名)	dàmén	front gate	49
大人	(名)	dàren	grown-up, adult	44
大厅	(动)	dàtīng	hall	45
大约	(副)	dàyuē	about	45
带来	(动)	dàilái	to bring	41
代劳	(动)	dàiláo	to do something for somebody	44
担心		dān xīn	to worry about	42
单衣	(名)	dānyī	unlined garment	48
胆怯	(形)	dǎnqiè	timid	43
当年	(名)	dāngnián	that year	48
当时	(名)	dāngshí	at that time	45
当做	(动)	dàngzuò	to regard as	45
岛屿	(名)	dǎoyǔ	islands and islets	46
倒是		dàoshì	but	47
倒座儿	(名)	dàozuòr	southern rooms	49

到底	（副）	dàodǐ	after all	50
道	（动）	dào	(a measure word)	41
道理	（名）	dàoli	truth	49
道路	（名）	dàolù	road	44
得到	（动）	dédào	to get	49
得体	（形）	détǐ	beffitting one's position or suited to the occasion, appropriate, decent	43
……的时候		……de shíhou	when	48
低	（形、动）	dī	low, to lower	46
底下	（名）	dǐxia	bottom	48
地	（名）	dì	earth	47
地理	（名）	dìlǐ	geography	46
地区	（名）	dìqū	area	45
地势	（名）	dìshì	terrain	46
帝王	（名）	dìwáng	emperor	45
典故	（名）	diǎngù	allusion	50
雕塑	（动、名）	diāosù	to sculpt, sculpture	45
钓鱼		diào yú	to angle	50
顶	（名）	dǐng	to lift	47
东部	（名）	dōngbù	east part	46
东南西北	（名）	dōngnánxīběi	four directions	49
动人	（形）	dòngrén	touching	48
独门	（名）	dúmén	unneighbouring gate	49
独生子女	（名）	dúshēng zǐnǚ	only child	44
独院	（名）	dúyuàn	unneighbouring courtyard	49
读	（动）	dú	to read	49
短	（形）	duǎn	short	49
对	（介）	duì	towards, for	41
多么	（副）	duōme	how, what	50
多民族		duōmínzú	multinationality	46
多雨	（形）	duō yǔ	rainy	46

E

俄国	(专名)	Éguó	Russia	46
而	(连)	ér	but, yet	44

F

发达	(形)	fādá	developed	41
发明	(动、名)	fāmíng	to invent, invention	45
发源地	(名)	fāyuándì	place of origin	45
乏味	(形)	fáwèi	dull	43
反而	(副)	fǎn'ér	on the contrary	49
反问	(动)	fǎnwèn	to ask in reply	50
反映	(动)	fǎnyìng	to reflect	44
方式	(名)	fāngshì	way, form	44
方向	(名)	fāngxiàng	direction	49
房屋	(名)	fángwū	house	49
防御	(动)	fángyù	to defend	48
放松	(动)	fàngsōng	to relax	50
菲律宾	(专名)	Fēilǜbīn	the Philippines	46
分别	(副)	fēnbié	respectively	45
分布	(动)	fēnbù	to be distributed	46
分工		fēn gōng	to divide the work	42
分开	(动)	fēnkāi	to separate	47
丰富	(形)	fēngfù	rich	46
风俗	(名)	fēngsú	custom	49
风险	(名)	fēngxiǎn	risk	42
夫妻	(名)	fūqī	husband and wife	42
复杂多样		fùzá duōyàng	complex and diverse	46
父母	(名)	fùmǔ	parents	44
富	(形)	fù	rich	47
富有	(形)	fùyǒu	wealthy	47

G

改进	(动)	gǎijìn	to improve	47
概况	(名)	gàikuàng	an outline of	45
干燥	(形)	gānzào	dry, arid	46

感情	(名)	gǎnqíng	affection, feeling	42
感想	(名)	gǎnxiǎng	impressions	49
敢于	(动)	gǎnyú	dare	44
干	(形)	gàn	to do	42
高处	(名)	gāochù	higher place	48
高大	(形)	gāodà	lofty	44
高原	(名)	gāoyuán	plateau	46
隔海相望		géhǎi xiāngwàng	to face one another across the sea	46
各	(代)	gè	each	45
各自	(代)	gèzì	respective	48
根	(量)	gēn	(a measure word)	47
耕地	(名)	gēngdì	farmland, arable land	41
更加	(副)	gèngjiā	even more	42
工具	(名)	gōngjù	tool	45
工人	(名)	gōngrén	worker	42
供给	(动)	gōngjǐ	to supply	41
公里	(量)	gōnglǐ	kilometre	46
公元	(名)	gōngyuán	Christian era	45
构成	(动)	gòuchéng	to constitute	50
姑娘	(名)	gūniang	girl	48
鼓起	(动)	gǔqǐ	tomuster	43
古老	(形)	gǔlǎo	ancient	45
古人	(名)	gǔrén	ancients	50
古人类	(名)	gǔrénlèi	ancient	45
故事	(名)	gùshì	story	48
关系	(名、动)	guānxì	relationship, to have to do with	42
关于	(介)	guānyú	about	41
管	(动)	guǎn	to keep	42
规矩	(名)	guīju	rules, custom	49
国	(名)	guó	state, country	48
国家	(名)	guójiā	state	41
果然	(副)	guǒrán	sure enough	50

150

过分	（形）	guòfèn	excessive	44
过高		guògāo	too high	44

H

还不到		hái bú dào	no more than	50
海岸线	（名）	hǎi'ànxiàn	coastline	46
海南岛	（专名）	Hǎinán Dǎo	Hainan Island	46
海域	（名）	hǎiyù	sea area	46
寒冷	（形）	hánlěng	cold	46
汉族	（专名）	Hànzú	the Han nationality	46
好几……		hǎojǐ……	several	48
好容易	（副）	hǎoróngyì	with difficulty	50
好像	（动）	hǎoxiàng	seem	49
好客	（形）	hàokè	hospitable	49
喝酒		hē jiǔ	to drink alcoholic liquor	44
和蔼可亲		hé'ǎi kěqīn	affable	43
何必	（副）	hébì	unnecessarily	50
合	（动）	hé	to join	47
河	（名）	hé	river	46
河流	（名）	héliú	river	46
河姆渡	（专名）	Hémǔdù	name of a place	45
很久		hěnjiǔ	long time	43
后	（名）	hòu	back	43
后花园	（名）	hòu huāyuán	back garden	48
后人	（名）	hòurén	later generations	48
呼唤	（动）	hūhuàn	to call	44
忽然	（副）	hūrán	suddenly	43
葫芦	（名）	húlu	bottle gourd	47
湖边	（名）	hú biān	side of a lake	50
湖光山色	（名）	húguāng shānsè	beauty of lakes and mountains	50
互相	（副）	hùxiāng	mutually	48
华里	（量）	huálǐ	Chinese li	48
划分	（动）	huàfēn	to divide	46
化石	（名）	huàshí	fossil	45

话	（名）	huà	words, instruction	44
话题	（名）	huàtí	topic	43
黄帝	（专名）	Huángdì	Huang Di (the Yellow Emperor)	45
黄河	（专名）	Huánghé	the Huanghe River	45
黄土	（名）	huángtǔ	loess	47
黄种人	（名）	huángzhǒngrén	yellow race	47
灰色	（名）	huīsè	grey	50
回归	（动）	huíguī	to return	50
回族	（专名）	Huízú	the Hui nationality	46
惠子	（专名）	Huìzǐ	Huizi	50
昏昏	（形）	hūnhūn	sleepy	50
混沌	（名）	hùndùn	Chaos	47
活	（动）	huó	to become alive	47
活儿	（名）	huór	work	48
和	（动）	huò	to mix	47

J

基本	（形）	jīběn	basic	42
基数	（名）	jīshù	base	41
吉利	（形）	jílì	lucky	49
急躁	（形）	jízào	impatient	44
即将	（副）	jíjiāng	to be about	44
级	（名）	jí	flight	46
几代同堂		jǐdài tóngtáng	various generations living under one roof	49
记录	（动、名）	jìlù	to record, record	45
记忆犹新		jìyìyóuxīn	still fresh in one's memory	43
记住	（动）	jìzhù	to remember	43
既然	（连）	jìrán	since	50
继续	（动）	jìxù	to continue	41
纪念	（动、名）	jìniàn	in memory of	48
嘉峪关	（专名）	Jiāyùguān	Jiayuguan Pass	48
家务	（名）	jiāwù	household duties	42

家长	（名）	jiāzhǎng	parent of a child	44
加入	（动）	jiārù	to have(an insurance)	42
加上	（动）	jiāshang	to add to	49
甲骨文	（专名）	Jiǎgǔwén	inscription on bones	45
假	（形）	jiǎ	untrue	49
价值	（名）	jiàzhí	value	45
间	（量）	jiān	(a measure word)	43
艰苦	（形）	jiānkǔ	hard, difficult	48
减少	（动）	jiǎnshǎo	to decrease	41
渐渐地		jiànjiànde	gradually	43
建	（动）	jiàn	to build	50
建立	（动）	jiànlì	to establish	45
姜女庙	（专名）	Jiāngnǚ Miào	Temple in Memory of Jiangnu	48
将	（介）	jiāng	will, would	41
江南	（名）	Jiāngnán	south of the Changjiang River	50
讲	（动）	jiǎng	to say, to talk	47
讲解	（动）	jiǎngjiě	to explain	48
讲座	（名）	jiǎngzuò	lecture	46
郊游	（动）	jiāoyóu	to go for an outing	43
角度	（名）	jiǎodù	angle	42
教师	（名）	jiàoshī	teacher	43
教室	（名）	jiàoshì	classroom	50
教育者	（名）	jiàoyùzhě	educator	44
叫做	（动）	jiàozuò	to call	45
接近	（动）	jiējìn	near, to approach	41
接壤	（动）	jiērǎng	to border on	46
接受	（动）	jiēshòu	to accept	43
阶梯	（名）	jiētī	stairs, steps	46
结果	（名）	jiéguǒ	result	44
结婚		jié hūn	to mary	48
解释	（动）	jiěshì	to explain	43
今后	（名）	jīnhòu	future	42
紧挨着		jǐn'āi zhe	next to	49

紧紧	(副)	jǐnjǐn	tightly	43
仅次于		jǐncìyú	next to	46
进入	(动)	jìnrù	to enter	45
禁不住		jīn bu zhù	cannot but	43
经不起		jīng bu qǐ	cannot withstand	44
经商		jīng shāng	to engage in trade	42
静静	(形)	jìngjìng	quiet	43
镜子	(名)	jìngzi	mirror	44
竟	(副)	jìng	unexpectedly	50
竞争	(动、名)	jìngzhēng	to compete, competition	44
净增	(动)	jìngzēng	net increase	41
究竟	(副)	jiūjìng	after all	48
就业		jiùg yè	to get employed	41
居	(动)	jū	to occupy	46
居住	(动)	jūzhù	to live	49
据	(动)	jù	according to	47
距离	(名)	jùlí	distance	47
决定	(动、名)	juédìng	to decide, decision	47

K

开玩笑		kāi wánxiào	to joke	43
看不起		kàn bu qǐ	to look down upon	42
看来	(连)	kànlái	it seems	41
考证	(动)	kǎozhèng	textual research	47
可见	(连)	kějiàn	from this one can see	50
可怕	(形)	kěpà	terrible	42
可是	(连)	kěshì	but	42
客厅	(名)	kètīng	drawing room	49
空间	(名)	kōngjiān	space	49
空空的		kōngkōngde	hollow	50
跨入	(动)	kuàrù	to enter	44
快活	(形)	kuàihuó	happy	50
矿产	(名)	kuàngchǎn	minerals	46
困难	(名、形)	kùnnan	difficult, difficulty	41

困扰	(动)	kùnrǎo	to perplex; puzzle	41

L

拉	(动)	lā	to pull	47
啦	(助)	la	(a modal particle)	49
来到	(动)	láidào	to arrive	50
来信	(名)	láixìn	incoming letter	49
劳动力	(名)	láodònglì	labour force	41
老龄化	(动)	lǎolínghuà	ageing	41
老人	(名)	lǎorén	aged person	41
乐趣	(名)	lèqù	joy	42
愣	(动)	lèng	to be speechless	49
理解	(动)	lǐjiě	to understand	43
历代	(名)	lìdài	successive dynasties	48
联盟	(名)	liánméng	alliance	45
连	(动)	lián	to connect	48
连接	(动)	liánjiē	to connect	49
粮食	(名)	liángshi	grain, food	41
邻居	(名)	línjū	neighbour	49
零增长	(名)	língzēngzhǎng	zero(increase)	41
领导	(动)	lǐngdǎo	to lead	45
另	(形)	lìng	another	42
留学生	(名)	liúxuéshēng	foreign student, student returned from abroad	50
流传	(动)	liúchuán	to circulate	48
流水	(名)	liúshuǐ	running water	50
流域	(名)	liúyù	valley	45
陆地	(名)	lùdì	land	46
陆英	(专名)	Lù Yīng	(name of a person)	43
落地		luò dì	to fall to the ground	47
落后	(形)	luòhòu	backward	44
落山		luò shān	setting	50

M

麻木	(形)	mámù	numb	43
埋	(动)	mái	to bury	48
慢	(形)	màn	slow	48
矛盾	(名)	máodùn	contradiction	41
煤	(名)	méi	coal	46
没多久		méi duō jiǔ	not long	48
每逢		měiféng	whenever	50
美景	(名)	měijǐng	scenery	50
美丽	(形)	měilì	beautiful	42
懵	(动)	mēng	to feel confused	43
蒙	(动)	méng	to cover	50
蒙古	(专名)	Měnggǔ	Mongolia	46
蒙古族	(专名)	Měnggǔzú	the Monggol nationality	46
孟姜女	(专名)	Mèngjiāngnǚ	(name of a woman)	48
棉衣	(名)	miányī	cotton-padded clothes	48
免得	(连)	miǎnde	so as to avoid	47
面对	(动)	miànduì	to face	44
面积	(名)	miànjī	area	41
民工	(名)	míngōng	labourer	48
民间	(名)	mínjiān	folk, among people	48
明白	(形、动)	míng bai	clear, to understand	44
明代	(专名)	Míng Dài	the Ming Dynasty	48
名叫	(动)	míngjiào	to be called	47
模糊	(形)	móhu	dim	50

N

拿不定		ná bu dìng	cannot make up one's mind	42
南部	(名)	nánbù	the south	46
南房	(名)	nánfáng	southern room	49
男人	(名)	nánrén	man, husband	42
难道	(副)	nándào	(an adverb for rhetorical questions)	44
难题	(名)	nántí	difficult problem	41

内	（名）	nèi	within	41
内陆	（名）	nèilù	inland	46
泥	（名）	ní	clay	47
泥点儿	（名）	nídiǎnr	drop of mud	47
尼罗河	（专名）	Níluó Hé	the Nile	46
年龄	（名）	niánlíng	age	49
捏	（动）	niē	to mould	47
女人	（名）	nǚrén	woman	43
女神	（名）	nǚshén	goddess	47
女士	（名）	nǚshì	lady	48
女娲	（专名）	Nǚwā	(name of a legendary figure)	47

P

排解乡愁		páijiě xiāngchóu	to dispel one's nostalgia	50
派	（动）	pài	to send	48
攀登	（动）	pāndēng	to climb	48
盘古	（专名）	Pángǔ	(name of a mythic figure)	47
盼	（动）	pàn	to look forward	50
盆地	（名）	péndì	basin	46
皮肤	（名）	pífū	skin	47
片	（量）	piàn	(a measure word)	50
贫	（形）	pín	poor	47
贫穷	（形）	pínqióng	impoverished	47
平方公里	（量）	píngfāng gōnglǐ	square kilometre	46
平原	（名）	píngyuán	plain	46

Q

期望	（动）	qīwàng	to expect	44
其实	（副）	qíshí	actually	47
其他	（代）	qítā	other	42
其中	（名）	qízhōng	of which, among	44
起	（动）	qǐ	to begin	47
起源	（动、名）	qǐyuán	to originate	47
气候	（名）	qìhòu	climate	46
气息	（名）	qìxī	breath	47

铅	(名)	qiān	lead	46
前列	(名)	qiánliè	first place	46
墙	(名)	qiáng	wall	49
桥	(名)	qiáo	bridge	50
侵扰	(动)	qīnrǎo	to invade and harass	48
亲爱	(形)	qīn'ài	dear	49
秦	(专名)	Qín	the State of Qin	48
秦始皇	(专名)	Qínshǐhuáng	the first emperor of the Qin Dynasty	45
青藏	(专名)	Qīng Zàng	Qinghai and Tibet	46
丘陵	(名)	qiūlíng	hills	46
区别	(名、动)	qūbié	difference , to distinguish	47
全长		quáncháng	total length	46
全国	(名)	quánguó	the whole country	46
全家人		quánjiā rén	the whole family	44
全身	(名)	quánshēn	whole body	43
劝	(动)	quàn	to advise	44
缺点	(名)	quēdiǎn	shortcoming	43
却	(副)	què	but, yet	43

R

热带	(名)	rèdài	torrid zone	46
人间	(名)	rénjiān	on earth	50
人类	(名)	rénlèi	mankind	45
忍受	(动)	rěnshòu	to tolerate	43
认真	(形)	rènzhēn	serious	43
仍	(副)	réng	still	41
仍旧	(副)	réngjiù	still	44
仍然	(副)	réngrán	still	42
日	(名)	rì	the sun	47
容貌	(名)	róngmào	looks	42
如	(动)	rú	for example , such as	45
如此	(代)	rúcǐ	so	47
如果	(连)	rúguǒ	if	42

S

色彩	（名）	sècǎi	colour , flavour	47
森林	（名）	sēnlín	forest	46
山海关	（专名）	Shānhǎiguān	Shanhaiguan Pass	48
山脉	（名）	shānmài	mountain range	47
商朝	（专名）	Shāng Cháo	the Shang Dynasty	45
上帝	（名）	Shàngdì	God	47
上古	（动）	shànggǔ	ancient times	45
稍	（副）	shāo	slightly	41
少	（形、动）	shǎo	less, fewer	44
少数民族	（名）	shǎoshù mínzú	national minority	46
身上	（名）	shēnshang	about one	43
身心	（名）	shēnxīn	body and mind	50
深深	（副）	shēnshēn	deep	43
神话	（名）	shénhuà	myth, fairy tale	47
甚至	（副、连）	shènzhì	even	44
生	（动）	shēng	to be born	47
生气	（名）	shēngqì	vitality	47
生育	（动）	shēngyù	to give birth	41
绳子	（名）	shéngzi	rope	47
省	（名）	shěng	province	46
圣经	（专名）	Shèngjīng	Bible	47
失败	（动、名）	shībài	to fail, failure	44
失去	（动）	shīqù	to lose	42
失声痛哭		shīshēng tòngkū	be choked with tears	48
尸骨	（名）	shīgǔ	skeleton	48
尸体	（名）	shītǐ	corpse	48
十分	（副）	shífēn	very	43
时代	（名）	shídài	times, era	44
时候	（名）	shíhou	time	48
时期	（名）	shíqī	times	45
什么样		shénmeyàng	what	49
实用	（形）	shíyòng	practical	49

使	（动）	shǐ	to enable, to cause	41
式	（名）	shì	style	50
世纪	（名）	shìjì	century	41
世界上	（名）	shìjiè shang	in the world	46
世世代代		shìshì dàidài	for generations	49
世外桃源	（名）	shìwài táoyuán	Land of Peach Blossoms	50
事情	（名）	shìqing	thing	42
收入	（动、名）	shōurù	to earn; to receive	42
手表	（名）	shǒubiǎo	watch	43
售票员	（名）	shòupiàoyuán	conductor	42
受到	（动）	shòudào	to receive	45
舒适	（形）	shūshì	cozy	49
舒舒服服	（形）	shūshu fūfu	comfortable	42
书房	（名）	shūfáng	study	49
属于	（动）	shǔyú	to belong to	46
数字	（名）	shùzì	figure	41
甩	（动）	shuǎi	to throw	47
水里	（名）	shuǐ li	in the water	50
水面	（名）	shuǐmiàn	surface of the water	50
睡	（动）	shuì	to sleep	50
说法	（名）	shuōfǎ	version	47
死	（动）	sǐ	to die	43
四合院	（名）	sìhéyuàn	quadrangle	49
四四方方		sìsìfāngfāng	square	49
四肢	（名）	sìzhī	the four limbs	47
四周	（名）	sìzhōu	all around	47
算术	（名）	suànshù	arithmetic	45
所	（量）	suǒ	(a measure word)	49
所谓	（形）	suǒwèi	so called	47
所有的		suǒyǒude	every	49

T

它们	（代）	tāmen	they	50
台湾	（专名）	Táiwān	Taiwan Province	46

160

太平洋	(专名)	Tàipíngyáng	Pacific(Ocean)	46
太阳	(名)	tàiyáng	the sun	47
态度	(名)	tàidù	attitude	43
谈不上		tán bu shàng	it's hard to say	41
谈天说地		tántiān shuōdì	to talk about everything	43
逃跑	(动)	táopǎo	to escape	48
讨论	(动、名)	tǎolùn	to discuss, discussion	41
讨论会	(名)	tǎolùnhuì	discussion	42
提倡	(动)	tíchàng	to advocate	41
提到	(动)	tídào	to mention	49
提前	(动)	tíqián	to shift to an earlier date	41
天长日久		tiāncháng rìjiǔ	as the years go by	43
天地	(名)	tiāndì	heaven and earth	47
天地万物	(名)	tiāndì wànwù	all things on earth	47
天然	(形)	tiānrán	natural	46
天堂	(名)	tiāntáng	paradise	50
条件	(名)	tiáojiàn	condition	42
铁	(名)	tiě	iron	46
同学	(名)	tóngxué	schoolmate	43
铜	(名)	tóng	copper	46
统一	(动、形)	tǒngyī	to unify, united	45
头像	(动)	tóuxiàng	head (portrait)	45
图腾	(名)	túténg	totem	47
土地	(名)	tǔdì	land	48

W

晚辈	(名)	wǎnbèi	younger generation	49
万物	(名)	wànwù	all things	47
万喜良	(专名)	Wàn Xǐliáng	(name of a man)	48
往事	(名)	wǎngshì	past events	43
望	(动)	wàng	to look at	43
危险	(形、名)	wēixiǎn	dangerous, danger	48
为	(动)	wéi	to be , for	41
为什么		wèi shénme	why	42

维吾尔族	（专名）	Wéiwú'ěrzú	the Uygur nationality	46
未来	（名）	wèilái	future	41
位于	（动）	wèiyú	to be situated	46
位置	（名）	wèizhì	position	49
温带	（名）	wēndài	temperate zone	46
温湿	（形）	wēnshī	warm and humid	46
文明	（名、形）	wénmíng	civilization, civilized	45
文字	（名）	wénzì	written language	45
无论	（连）	wúlùn	no matter what…	50
无论如何		wúlùnrúhé	in any case	42
捂	（动）	wǔ	to cover	43

X

西岸	（名）	xī'àn	west coast	46
西部	（名）	xībù	the west part	46
西城	（名）	xīchéng	west part of the city	49
西方人	（名）	xīfāng rén	westerner	47
西南角	（名）	xīnánjiǎo	southwest	49
喜玛拉雅山	（专名）	Xǐmǎlāyǎ Shān	the Himalayas	46
细致	（形）	xìzhì	careful	43
下降	（动）	xiàjiàng	to decline	41
夏朝	（专名）	Xià Cháo	the Xia Dynasty	45
先民	（名）	xiān mín	ancient people	47
贤惠	（形）	xiánhuì	virtuous	43
闲	（形）	xián	unoccupied, leisure	50
现代化	（动、名）	xiàndàihuà	to modernize, modernization	41
相对	（动、形）	xiāngduì	to face, relative	41
厢房	（名）	xiāngfáng	wing, wing-room	49
想起	（动）	xiǎngqǐ	to think about	49
享受	（动）	xiǎngshòu	to enjoy	50
向导	（名）	xiàngdǎo	guide	45
像	（动）	xiàng	like	44
削	（动）	xiāo	to sharpen	44
消息	（名）	xiāoxi	news	48

小皇帝	（名）	xiǎo huángdì	baby emperor	44
小型	（形）	xiǎoxíng	small-scale	42
小学生	（名）	xiǎoxuéshēng	pupil	44
小贞	（专名）	Xiǎozhēn	(name of a person)	42
效率	（名）	xiàolǜ	efficiency	47
谐趣园	（专名）	Xiéqù Yuán	Harmonious Garden	50
锌	（名）	xīn	zinc	46
欣赏	（动）	xīnshǎng	to admire, to enjoy	42
辛苦	（形、动）	xīnkǔ	hard	42
心里	（名）	xīnli	mind	50
心目	（名）	xīnmù	in one's eyes	44
兴奋	（形）	xīngfèn	exciting	49
形成	（动）	xíngchéng	to form	46
形势	（名）	xíngshì	situation	41
形象	（名）	xíngxiàng	image	44
幸福	（形）	xìngfú	happy	42
兄弟	（名）	xiōngdì	brother	45
修建	（动）	xiūjiàn	to build	48
修养	（名）	xiūyǎng	accomplishment	42
修筑	（动）	xiūzhù	to build	48
学者	（名）	xuézhě	scholar	47
血液	（名）	xuèyè	blood	47

Y

压力	（名）	yālì	pressure	42
亚马逊河	（专名）	Yàmǎxùn Hé	the Amazon	46
亚热带	（名）	yà rèdài	subtropical zone	46
亚洲	（专名）	Yàzhōu	Asia	46
盐	（名）	yán	salt	43
延续	（动）	Yánxù	to continue	45
炎帝	（专名）	Yán Dì	Yan Di (the Yan Emperor)	45
炎黄子孙	（专名）	Yán Huáng zǐsūn	descendants of Yan Di and Huang Di	45
沿海	（名）	yánhǎi	along the coast	46

阳光	（名）	yángguāng	sunshine	49
养蚕		yǎng cán	to raise silkworms	45
养活	（动）	yǎnghuo	to support, to feed	42
养老		yǎng lǎo	to provide for the aged	42
摇头		yáo tóu	to shake one's head	50
一部分	（名）	yíbùfen	a part	44
一大堆		yí dà duī	lots of	41
一旦	（名）	yídàn	in case	42
一定的		yídìngde	certain, some	42
一方面		yì fāngmiàn	on one hand	42
一目了然		yímù liǎorán	be clear at a glance	49
一切	（形、代）	yíqiè	all; everything	49
一生	（名）	yìshēng	all one's life	44
一天	（名）	yì tiān	one day	44
一下子	（副）	yíxiàzi	suddenly	50
医疗	（动）	yīliáo	medical	42
医学	（名）	yīxué	medical science	45
依靠	（动）	yīkào	to depend on	42
依然	（副）	yīrán	still	41
颐和园	（专名）	Yíhéyuán	the Summer Palace	50
遗址	（名）	yízhǐ	ruins	45
彝族	（专名）	Yízú	the Yi nationality	47
已	（副）	yǐ	already	43
艺术品	（名）	yìshùpǐn	work of art	45
因此	（连）	yīncǐ	so , therefore	42
引起	（动）	yǐnqǐ	to give rise to	41
印度尼西亚	（专名）	Yìndùníxīyà	Indonesia	46
英雄	（名）	yīngxióng	hero, heroine	47
影响	（动、名）	yǐngxiǎng	influence	44
拥护	（动）	yōnghù	to support	45
永远	（副）	yǒngyuǎn	always	42
勇气	（名）	yǒngqì	courage	43
用心		yòng xīn	with concentrated attention	47

幽雅	(形)	yōuyǎ	quiet and tastefully laid out	43
由来	(名)	yóulái	origin	47
由于	(介)	yóuyú	due to	41
犹豫	(形)	yóuyù	to hesitate	43
游	(动)	yóu	to swim	50
游记	(名)	yóujì	travel notes	50
有点		yǒudiǎn	a bit	43
有趣	(形)	yǒuqù	interesting	50
有时	(副)	yǒushí	sometimes	50
有一天		yǒu yì tiān	one day	43
于是	(连)	yúshì	therefore	42
与	(连)	yǔ	and	41
与世隔绝		yǔshìgéjué	be separate from the world	42
元谋	(专名)	Yuánmóu	(name of a place)	45
元谋人	(专名)	Yuánmóurén	Yuanmou man	45
原始	(形)	yuánshǐ	primitive	45
园	(名)	yuán	garden	50
园林	(名)	yuánlín	gardens	50
园子	(名)	yuánzi	garden	50
猿人	(名)	yuánrén	ape-man	45
远离	(动)	yuǎnlí	far away from	50
院落	(名)	yuànluò	courtyard	49
院子	(名)	yuànzi	courtyard	49
约	(动)	yuē	to make an appointment	43
月亮	(名)	yuèliang	the moon	47
云	(名)	yún	cloud	47
云南省	(专名)	Yúnnán Shěng	Yunnan Province	45
允许	(动)	yǔnxǔ	to allow	44

Z

赞赏	(动)	zànshǎng	to admire	48
藏族	(专名)	Zàngzú	the Tibetan nationality	46
早出晚归		zǎochū wǎnguī	leave early in the morning and return late in the evening	42

早已	（副）	zǎoyǐ	long ago	50
早在		zǎozài	as early as	48
造	（动）	zào	to make	47
造船		zào chuán	to build ships	45
怎么办		zěnme bàn	what's to be done	42
怎样	（代）	zěnyàng	how	44
增长	（动）	zēngzhǎng	to increase	41
增长率	（名）	zēngzhǎnglǜ	growth rate	41
增高	（动）	zēng gāo	to grow higher	47
增厚	（动）	zēng hòu	to grow thicker	47
展品	（动）	zhǎnpǐn	exhibit	45
战国	（专名）	Zhànguó	the Warring States Period	48
战争	（名）	zhànzhēng	war	48
丈	（量）	zhàng	(a measure word for length)	47
丈夫	（名）	zhàngfu	husband	42
照顾	（动）	zhàogù	to take care of	42
哲学家	（名）	zhéxuéjiā	philosopher	50
这时	（名）	zhèshí	at the time	50
整个	（形）	zhěnggè	whole	50
整天	（名）	zhěngtiān	all day long	42
正房	（名）	zhèngfáng	principal room	49
知	（动）	zhī	to know	50
知鱼		zhī yú	understanding of fish	50
之后	（名）	zhīhòu	after	45
之一	（名）	zhīyī	one of	45
直辖市	（名）	zhíxiáshì	municipality directly under the Central Government	46
指	（名）	zhǐ	to point	50
指点	（动）	zhǐdiǎn	to point	49
制造	（动）	zhìzào	to make	45
中年人	（名）	zhōngniánrén	middle aged person	50
中叶	（名）	zhōngyè	middle	41
中原	（名）	zhōngyuán	Central Plains	48

忠贞	（形）	zhōngzhēn	loyal and steadfast	48
种种	（量）	zhǒngzhǒng	all sorts of	45
诸侯国	（名）	zhūhóuguó	princes kingdom	48
主动	（形）	zhǔdòng	initiative	45
主人	（名）	zhǔrén	host, hostess	49
主意	（名）	zhǔyi	idea, mind	42
赚	（动）	zhuàn	to make a profit	42
庄子	（专名）	Zhuāngzǐ	Zhuangzi	50
装作	（动）	zhuāngzuò	to pretend	43
准时	（形）	zhǔnshí	on time	43
着呢		zhene	(an emphatic marker)	49
资源	（名）	zīyuán	source	41
自	（介）	zì	from	46
自从	（介）	zìcóng	since	47
自身	（名）	zìshēn	oneself	44
自由	（名、形）	zìyóu	freedom, free	50
自治区	（名）	zìzhìqū	autonomous region	46
总	（副）	zǒng	always	43
总是	（副）	zǒngshì	always	43
足够	（动）	zúgòu	to suffice	42
祖先	（名）	zǔxiān	ancestor	45
醉醺醺	（形）	zuìxūnxūn	drunk	44
最初	（名）	zuìchū	very beginning	47
做人		zuò rén	to conduct oneself	44
坐北朝南		zuòběi cháonán	to face south	49
坐南向北		zuònán xiàngběi	to face north	49
座	（量）	zuò	(a measure word)	45

阅读课文词汇表

A

埃及	(专名)	Āijí	Egypt	47
爱情	(名)	àiqíng	love（between man and woman）	42
按	(介)	àn	according to	44

B

八卦	(专名)	Bāguà	the Eight Diagrams	47
巴黎	(专名)	Bālí	Paris	42
保存	(动)	bǎocún	to Preserve, to keep	46
保和殿	(专名)	Bǎohédiàn	Hall of Preserving Harmony	48
保障	(动、名)	bǎozhàng	to protect, protection	41
背	(动)	bèi	to say from memory	44
本事	(名)	běnshi	ability, skill	43
比例	(名)	bǐlì	proportion	41
边	(名)	biān	side	46
标准	(名、形)	biāozhǔn	standard	49
表现	(动、名)	biǎoxiàn	to express	47
博士	(名)	bóshì	doctor	42
博物院	(名)	bówùyuàn	museum	48

C

采光		cǎi guāng	lighting	49
彩陶	(名)	cǎitáo	painted pottery	47
仓颉	(专名)	Cāngjié	(name of a person)	47
层层		céngcéng	mountain after mountain	50
长白山	(专名)	Chángbái Shān	Changbai Mountain	50
朝拜	(动)	cháobài	to pay respects to	48
撑起	(动)	chēngqǐ	to hold up	43
充实	(形)	chōngshí	substantial	47
重新	(副)	chóngxīn	again	48

抽象	（形）	chōuxiàng	abstract	47
出差		chū chāi	to be away on official business	43
穿	（动）	chuān	to string	46
从来	（副）	cónglái	always	42

D

打结		dǎ jié	to tie a knot	47
打猎		dǎ liè	to hunt	46
打扫	（动）	dǎsǎo	to sweep	43
大臣	（名）	dàchén	minister	48
大大小小		dàdàxiǎoxiǎo	various sizes	49
单词	（名）	dāncí	word	44
到底	（副）	dàodǐ	to the end	43
得到	（动）	dédào	to obtain	44
等级	（名）	děngjí	class	49
低	（形、动）	dī	low , to lower	41
地区	（名）	dìqū	area	41
地上	（名）	dìshang	ground	45
地毯	（名）	dìtǎn	carpet	50
地下	（名）	dìxia	earth	45
点火		diǎn huǒ	to light a fire	46
典型	（名、形）	diǎnxíng	model, typical	49
掉	（动）	diào	to fall	45
订阅单	（名）	dìngyuèdān	subscribing form	44
东方	（名）	dōngfāng	east	42
东胡林人	（专名）	Dōnghúlínrén	(name of persons)	46
东华门	（专名）	Dōnghuámén	East Flowery Gate	48
东南房	（名）	dōngnánfáng	eastern room and souther room	49
动物	（名）	dòngwù	animal	50
动植物	（名）	dòngzhíwù	animals and plants	50
冻原	（名）	dòngyuán	freezing source	50
端	（动）	duān	to hold with both hands	43
堆积	（动）	duījī	to heap up	50
对付	（动）	duìfu	to deal with	45

对象	（名）	duìxiàng	partner in marriage	43
躲	（动）	duǒ	to hide	45

E

儿	（名）	ér	son	41

F

发财		fā cái	to get rich	43
发掘	（动）	fājué	to excavate	46
繁华	（形）	fánhuá	prosperous	47
繁荣	（形）	fánróng	prosperous	50
烦	（形、动）	fán	to get annoyed, tired	44
饭店	（名）	fàndiàn	hotel	42
方向	（名）	fāngxiàng	direction	47
防	（动）	fáng	to prepare for	41
纺织	（动）	fǎngzhī	to spin and weave	46
放大	（动）	fàngdà	to enlarge	49
封建社会	（名）	fēngjiàn shèhuì	feudal society	49
缝	（动）	féng	to stitch , to sew	46
夫妇	（名）	fūfù	married couple	42
夫妻	（名）	fūqī	husband and wife	41
扶	（动）	fú	to support with the hand	44
符号	（名）	fúhào	symbol, mark	47
符合	（动）	fúhé	accord with	49
斧	（名）	fǔ	axe	46
复杂	（形）	fùzá	complex	41
父母	（名）	fùmǔ	parents	41

G

感人	（形）	gǎnrén	moving	42
钢琴	（名）	gāngqín	piano	44
高傲	（形）	gāo'ào	supercilious	42
根据	（动）	gēnjù	according to	49
宫殿	（名）	gōngdiàn	palace	48
弓	（名）	gōng	bow	45
贡献	（动、名）	gòngxiàn	to contribute, contribution	42

共同	（形）	gòngtóng	common	49
构成	（动）	gòuchéng	to form	49
孤独	（形）	gūdú	lonely	42
骨头	（名）	gǔtou	bone	46
故宫	（专名）	Gùgōng	the Imperial Palace	48
固定	（动、形）	gùdìng	to fix , fixed	49
观念	（名）	guānniàn	idea	41
广场	（名）	guǎngchǎng	square	48
贵族	（名）	guìzú	nobles	49

<h2 style="text-align:center">H</h2>

海拔	（名）	hǎibá	above sea level	50
海洋	（名）	hǎiyáng	ocean	50
寒	（形）	hán	cold	46
好奇	（形）	hàoqí	curious	50
核物理学家	（名）	héwùlǐxuéjiā	neclear physicist	42
何泽慧	（专名）	HéZéhuì	(name of a person)	42
河流	（名）	héliú	river	45
河南省	（专名）	Hénán Shěng	Henan Province	47
忽然	（副）	hūrán	suddenly	42
胡同	（名）	hútòng	lane	49
花茶	（名）	huāchá	jasmine tea	43
花园	（名）	huāyuán	garden	48
画笔	（名）	huàbǐ	painting brush	43
桦树	（名）	huàshù	birch	50
环形	（名）	huánxíng	annular	50
换	（动）	huàn	to change	43
皇帝	（名）	huángdì	emperor	48
皇宫	（名）	huánggōng	the imperial palace	48
皇后	（名）	huánghòu	queen	48
灰心丧气		huīxīn sàngqì	be utterly disheartened	43
火	（名）	huǒ	fire	46
火热	（形）	huǒrè	burning	45
火山	（名）	huǒshān	volcano	50

火山浆	（名）	huǒshānjiāng	lava	50
火山口	（名）	huǒshānkǒu	crater	50
火种	（名）	huǒzhǒng	live cinder, tinder	46

J

基础	（名）	jīchǔ	base	49
积雪	（名）	jīxuě	accumulated snow	50
激动	（形、动）	jīdòng	exciting, to excite	42
记得	（动）	jìde	to remember	43
家务活儿	（名）	jiāwùhuór	household chores	44
家畜	（名）	jiāchù	domestic animal	46
家族	（名）	jiāzú	clan	49
加上	（动）	jiāshang	to add	41
假名	（名）	jiǎmíng	kana	47
简化	（动）	jiǎnhuà	to simplify	47
箭	（名）	jiàn	arrow	45
讲究	（动、形）	jiǎngjiu	to be particular about	49
交际	（名、动）	jiāojì	communication	47
骄傲	（形）	jiāo'ào	proud	43
街道	（名）	jiēdào	street	49
结	（动）	jié	to tie	47
结构	（名）	jiégòu	structure	49
结婚		jié hūn	to marry	42
结绳		jié shéng	to tie a knot with a rope	47
金水河	（专名）	Jīnshuǐ Hé	Golden River	48
谨慎	（形）	jǐnshèn	careful	42
旧石器时代	（名）	Jiùshíqìshídài	the Old Stone Age	46
居里	（专名）	Jūlǐ	(name of a person)	42
举手		jǔ shǒu	to put up hands	44
举行	（动）	jǔxíng	to hold	48
巨大	（形）	jùdà	enormous	50
巨龙	（名）	jùlóng	gigantic dragon	50

K

砍	(动)	kǎn	to fell, to cut down	46
考古学家	(名)	kǎogǔxuéjiā	archaeologist	46
烤	(动)	kǎo	to scorch	45
科学家	(名)	kēxuéjiā	scientist	42
科学院	(名)	kēxuéyuàn	academy of science	42
刻	(动)	kè	to carve	47
空地	(名)	kòngdì	open ground	45
空中	(名)	kōngzhōng	in the air	49
控制	(动)	kòngzhì	to control	41
夸奖	(动)	kuājiǎng	to praise	44
宽	(形)	kuān	wide	48
狂热	(形)	kuángrè	fanaticism	41
扩大	(动)	kuòdà	to expand	49
阔叶树	(名)	kuòyèshù	broadleaf tree	50

L

劳动	(动)	láodòng	to work	41
唠叨	(动)	láodao	to chatter	44
老百姓	(名)	lǎobǎixìng	common people	49
雷	(名)	léi	thunder	47
雷电	(名)	léidiàn	thunder and lightning	46
李明	(专名)	Lǐ Míng	(name of a person)	44
厉害	(形)	lìhai	terrible	45
连绵	(动)	liánmián	continuous	50
林海	(名)	línhǎi	immense forest	50
留学	(动)	liúxué	to study abroad	42
流	(动)	liú	to flow	48
楼	(名)	lóu	building	44
论文	(名)	lùnwén	thesis	42
落后	(形)	luòhòu	backward	41

M

满足	(动)	mǎnzú	to satisfy	47
冒	(动)	mào	to rise	45

冒险		mào xiǎn	to take a risk	50
煤气罐	(名)	méiqìguàn	gas cylinder	43
面前	(名)	miànqián	front	44
庙	(名)	miào	temple	49
鸣钟		míng zhōng	to sound a bell	48
模式	(名)	móshì	pattern	41
陌生	(形)	mòshēng	strange	43
内金水桥	(专名)	Nèi Jīnshuǐ Qiáo	Inner Marble Bridge	48
年代	(名)	niándài	years	42
凝固	(动)	nínggù	to solidify	50
女婿	(名)	nǚxu	son-in-law	43
女子	(名)	nǚzǐ	woman	42

O

欧洲	(专名)	Ōuzhōu	Europe	42

P

培养	(动)	péiyǎng	to train	41
陪	(动)	péi	to accompany	43
片	(量)	piàn	(a measure word)	49
飘	(动)	piāo	to float	50
贫困	(形)	pínkùn	impoverished	41
平方米	(量)	píngfāngmǐ	square metre	48
平衡	(形、动)	pínghéng	balance, to balance	41
铺	(动)	pū	to spread	50
普通	(形)	pǔtōng	ordinary	49
瀑布	(名)	pùbù	waterfall	50

Q

其中	(名)	qízhōng	among, of	42
起伏	(动)	qǐfú	to rise and fall	50
乾清宫	(专名)	Qiánqīnggōng	Palace of Heavenly Purity	48
钱三强	(专名)	Qián Sānqiáng	(name of a person)	42
敲鼓		qiāo gǔ	to beat a drum	48
桥	(名)	qiáo	bridge	48
切	(动)	qiē	to cut	46

亲人	（名）	qīnrén	dear ones, member of one's 42 family
琴	（名）	qín	a general term for a kind of 43 musical instrument
清代	（专名）	Qīng Dài	the Qing Dynasty 48
清华大学	（专名）	Qīnghuá Dàxué	Tsinghua University 42
圈	（名）	quān	circle 45
权力	（名）	quánlì	power 43
却	（副）	què	but 42
群山	（名）	qúnshān	mountains 50

R

燃烧	（动）	ránshāo	to burn 45
日子	（名）	rìzi	day, life 45

S

色	（名）	sè	colour 50
山顶洞人	（专名）	Shāndǐngdòngrén	Upper Cave Man 46
山脚下	（名）	shānjiǎoxia	foot of a mountain 50
山口	（名）	shānkǒu	pass 50
射	（动）	shè	to shoot 45
射箭		shè jiàn	to shoot an arrow 45
社会性	（名）	shèhuìxìng	sociality 47
身分	（名）	shēnfen	capacity 49
神午门	（专名）	Shénwǔmén	Gate of Godly Powers 48
生	（动）	shēng	to give birth to 41
生产力	（名）	shēngchǎnlì	productive forces 41
生产率	（名）	shēngchǎnlǜ	productivity 41
升官		shēng guān	to be promoted 43
绳子	（名）	shéngzi	rope 46
剩下		shèngxia	to be left 45
圣书字	（专名）	Shèngshūzì	holy scripts 47
十全十美		shíquán shíměi	be perfect in every way 43
石块	（名）	shíkuài	rock 50
石头	（名）	shítou	stone 46

史官	（名）	shǐguān	official historian	47
收藏	（动）	shōucáng	to collect	48
手工	（名）	shǒugōng	to do by hand	41
书面语	（名）	shūmiànyǔ	written language	47
树	（名）	shù	tree	45
摔	（动）	……shuāi	to break	44
……说		shuō	a theory of…	47
斯拉夫	（专名）	Sīlāfū	Slav	47
思路	（名）	sīlù	train of thought	44
思念	（动）	sīniàn	to miss	42
死亡率	（名）	sǐwánglǜ	death rate	41
碎	（形）	suì	broken	44

T

它们	（代）	tāmen	they	49
太和殿	（专名）	Tàihé Diàn	Hall of Supreme Harmony	48
太阳	（名）	tàiyáng	the sun	45
叹气	（名）	tàn qì	to sigh	43
陶器	（名）	táoqì	chinaware	46
陶醉	（动）	táozuì	to be intoxicated	50
天池	（专名）	Tiānchí	(name of a place)	50
天空	（名）	tiānkōng	sky	50
天上	（名）	tiānshang	heaven	45
通风		tōng fēng	to ventilate	49
同情	（动）	tóngqíng	to sympathize	42
投资		tóu zī	to invest	43
头骨	（名）	tóugǔ	skull	46
头领	（名）	tóulǐng	chief	45
图画	（名）	túhuà	picture	47
图形	（名）	túxíng	graph, figure	47
土壤	（名）	tǔrǎng	soil	50

W

挖	（动）	wā	to dig	46
晚期	（名）	wǎnqī	later period	49

王公	(名)	wánggōng	princes and dukes	49
王新新	(专名)	Wáng Xīnxīn	(name of a person)	44
围	(动)	wéi	to surround	49
文物	(名)	wénwù	cultural relic	48
午门	(专名)	WǔMén	Meridian Gate	48
物理	(名)	wùlǐ	physics	42

X

西华门	(专名)	Xīhuámén	West Flowery Gate	48
吸引	(动)	xīyǐn	to attract	50
系	(名)	xì	department	42
下级	(名)	xiàjí	subordinate	43
先进	(形)	xiānjìn	advanced	46
现象	(名)	xiànxiàng	phenomenon	47
响应	(动)	xiǎngyìng	to respond	44
项链	(名)	xiàngliàn	necklace	46
象征	(动、名)	xiàngzhēng	to symbolize, symbol	47
写生	(动、名)	xiěshēng	to paint from life, sketch	43
谢小明	(专名)	Xiè Xiǎomíng	(name of a person)	44
新洞人	(专名)	Xīndòngrén	New Cave Man	46
心里	(名)	xīnli	in one's mind	42
心愿	(名)	xīnyuàn	wish	44
信任	(动、名)	xìnrèn	to trust	42
形声字	(名)	xíngshēngzì	pictophonetic characters	47
形式	(名)	xíngshì	form	47
……性	(尾)	……xìng	(a suffix)	47
幸亏	(副)	xìngkuī	fortunately	43

Y

烟	(名)	yān	smoke	45
眼	(名)	yǎn	eye	42
宴会	(名)	yànhuì	banquet	42
养	(动)	yǎng	to bring up	41
养心殿	(专名)	Yǎngxīndiàn	Hall of Mental Culture	48
尧	(专名)	Yáo	(name of a person)	45

药	（名）	yào	medicine	43
要求	（动、名）	yāoqiú	to require, requirement	49
野生	（形）	yěshēng	wild	50
野兽	（名）	yěshòu	wild animal	45
一路	（名）	yílù	all the way	50
一天		yì tiān	one day	42
一下子	（副）	yìxiàzi	all of a sudden	41
医疗	（动）	yīliáo	to give medical treatment	41
遗产	（名）	yíchǎn	legacy	48
仪式	（名）	yíshì	ceremony	48
以……为……		yǐ……wéi……	with…as	49
易经	（专名）	Yìjīng	The Book of Changes	47
意外	（形、名）	yìwài	surprise	42
羿	（专名）	Yì	(name of a person)	45
殷代	（专名）	YīnDài	the Yin Dynasty	47
音节	（名）	yīnjié	syllable	47
音素	（名）	yīnsù	phoneme	47
婴幼儿	（名）	yīngyòu'ér	infant, baby	41
优生	（动）	yōushēng	to give birth to healthy babies	41
由	（介）	yóu	by	45
有钱	（形）	yǒuqián	rich	49
幼儿园	（名）	yòu'éryuán	kindergarten	43
约里奥	（专名）	Yuēlǐ'ào	(name of a person)	42

Z

造成	（动）	zàochéng	to cause	41
造型	（名）	zàoxíng	shape	49
责任	（名）	zérèn	responsibility	42
泽	（名）	zé	swamp , marsh	47
战争	（名）	zhànzhēng	war	42
张也	（专名）	Zhāng Yě	(name of person)	44
长	（动）	zhǎng	to grow	44
丈夫	（名）	zhàngfu	husband	41
照亮	（动）	zhàoliàng	to shine	45

照明	（动）	zhàomíng	to light	46
这时	（名）	zhèshí	then, at that time	42
针	（名）	zhēn	needle	46
针叶树	（名）	zhēnyèshù	coniferous tree	50
整	（形）	zhěng	whole	49
正门	（名）	zhèngmén	main gate	48
正面	（名、形）	zhèngmiàn	front	48
植物	（名）	zhíwù	plants	50
只见		zhǐjiàn	only	45
制度	（名）	zhìdù	system	49
智力	（名）	zhìlì	intelligence	43
中和殿	（专名）	Zhōnghédiàn	Hall of Middle Harmony	48
钟鼓亭	（名）	zhōnggǔtíng	bell and drum pavilion	48
重男轻女		zhòngnán qīngnǚ	regard men	41
周口店	（专名）	Zhōukǒudiàn	(name of a place)	46
主楼	（名）	zhǔlóu	main building	48
庄稼	（名）	zhuāngjia	crops	45
装饰品	（名）	zhuāngshìpǐn	ornament	46
追求	（动）	zhuīqiú	to seek	41
资本	（名）	zīběn	capital	43
资料	（名）	zīliào	data , material	46
紫禁城	（专名）	Zǐjìnchéng	the Forbidden City	48
自然力	（名）	zìránlì	power of nature	50
自主权	（名）	zìzhǔquán	right of self-decision	44
字母	（名）	zìmǔ	letter	47
走廊	（名）	zǒuláng	corridor	49
祖国	（名）	zǔguó	motherland	42
组成	（动）	zǔchéng	to organize	46
尊重	（动）	zūnzhòng	to respect	44
作文	（名）	zuòwén	essay, to write an essay	44

语法索引